marie claire *idées*

COUSSINS

PLUS DE 100 MODÈLES DOUILLETS

Éditions marie claire

Collection MARIE CLAIRE IDÉES
Un magazine publié par Marie Claire Album
Directrice de la rédaction : Dominique Roche
Rédactrice en chef : Caroline Lancrenon
Direction artistique : Caroline Dujat et Michel Stéfani

Direction d'édition : Thierry Lamarre
Textes : Renée Méry
Assistante : Marion Taslé
Recherche iconographique : Domitille Peyron
Assistante d'édition : Adeline Lobut

Éditions MARIE CLAIRE
Publiées par Société d'Information et de Créations (SIC)
Une société de Marie Claire Album
10, boulevard des Frères-Voisin, 92130 Issy-Les-Moulineaux Cedex 9 - France
Tél. 01 41 46 88 88
R.C.S. Nanterre 302 114 509 R.C.S. Nanterre
sarl au capital de 32 000 euros

N° ISBN : 2-84831-026-X
Imprimé par G. Canale & C., Turin (Italie)
Dépôt légal : 3e trimestre 2004.
www.editionsmarieclaire.com

COUSSINS

PLUS DE 100 MODÈLES DOUILLETS

Sommaire

Couture

CAMAÏEUX DE VELOURS

Housse carrée : 44 x 44 cm ; housses rectangulaires : 50 x 37 cm ou 45 x 35 cm

FOURNITURES

COUSSIN CARRÉ

1 carré de velours froissé (dessus) et de soie (dessous) de 47 cm de côté + 1 bande de soie de 45 x 30 cm • Fil assorti • 1 coussin carré de 40 cm de côté.

COUSSIN RECTANGULAIRE LACÉ

2 rectangles de velours de 36 x 39 cm, 1 rectangle de soie de 32 x 39 cm = dessous ; 1 autre de 13 x 39 cm et de 25 x 39 cm = dessus ; 140 x 3 cm de soie d'une autre couleur pour le laçage et 5 x 72 cm pour la bordure du velours • Fil assorti • 1 coussin de 50 x 35 cm.

COUSSIN NOUÉ

1 rectangle de velours de 93 x 26 cm, 2 rectangles de soie de 93 x 9 cm, 2 rectangles de soie de 38 x 48 cm, 2 bandes de soie de 35 x 5 cm d'un autre coloris • Fil assorti • 1 coussin rectangulaire de 45 x 35 cm.

RÉALISATION

Toutes les coutures sont faites à 1,5 cm des bords.

COUSSIN CARRÉ

Couper l'angle du carré de velours à 32 cm des bords. Ourler le biais en pliant un rentré de 0,5 cm puis de 1 cm. Piquer. Dans la soie couper un triangle rectangle de 36 cm de côté en posant le grand côté sur le droit fil. Plier vers l'envers un rentré de 1 cm puis de 2 cm. Piquer. Poser ce triangle envers contre endroit du velours pour former un carré de 47 cm de côté. Épingler. Poser l'ensemble endroit contre endroit du carré de soie. Piquer le tour. Retourner. Surpiquer à 2 cm des bords.
Dans les chutes de soie couper 2 bandes de 35 x 5 cm. Les plier endroit contre endroit. Piquer une extrémité et la longueur endroit contre endroit. Retourner. Coudre un lien sur le coussin, l'autre sous le triangle de soie.
Glisser le coussin dans la housse. Nouer les liens.

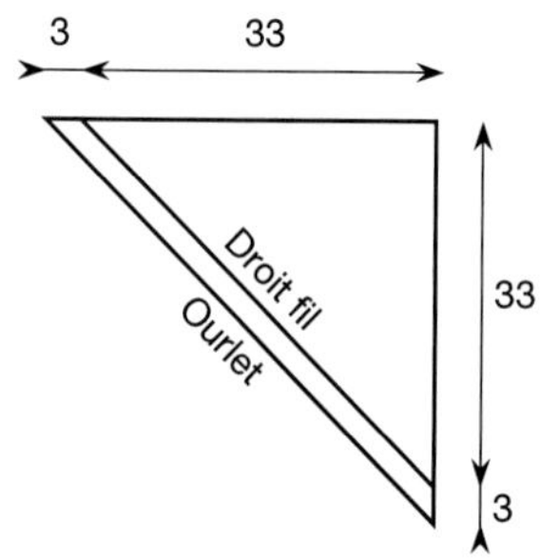

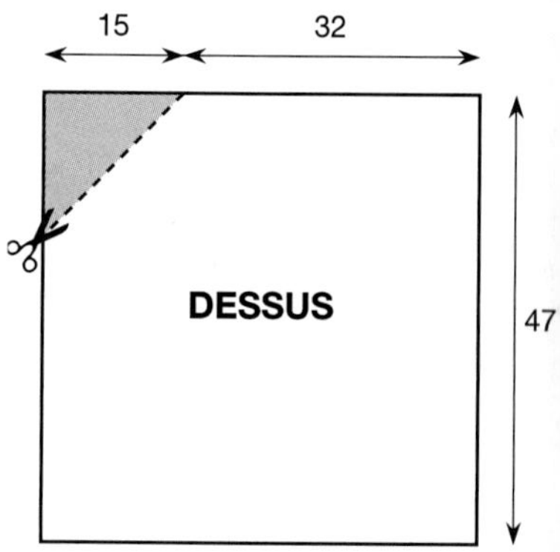

COUSSIN LACÉ

Piquer les 2 rectangles de velours l'un sur l'autre endroit contre endroit en laissant un bord de 39 cm ouvert.
Plier la bande de laçage endroit

(suite page 102)

LE ROUGE EST DE MISE

COUSSIN AUX POMPONS

Dimensions : 45 x 45 cm

FOURNITURES

155 x 50 cm de tissu rouge ● Fil à coudre rouge ● 2 pompons.

RÉALISATION

Piquer un ourlet à une extrémité de la bande puis la plier endroit contre endroit sur 45 cm. Piquer verticalement à 2,5 cm des bords pour former une poche. Plier le restant de la bande endroit contre endroit. Dessiner sur l'envers 2 dents d'environ 20 cm de profondeur. Piquer les bords puis les dents dans le prolongement. Couper l'excédent de tissu, cranter les rentrés dans les angles. Retourner. Repasser. Coudre un pompon sur chaque pointe.

COUSSIN PEINT

Dimensions : 45 x 45 cm

FOURNITURES

Tissu rouge : 47 x 47 cm pour le dessus, 47 x 16 cm et 47 x 40 cm pour le dessous ● Fil à coudre rouge ● Peinture à tissu écru, beige et rosé ● Carton ● Cutter ● Papier calque ● Pinceau ● Ruban adhésif.

RÉALISATION

Délimiter l'encadrement en collant du ruban adhésif sur le dessus : le carré central mesure 25,5 cm de côté, le cadre 3 cm de large. Tendre le tissu avec des punaises. Remplir le cadre de légers coups de pinceau avec de la peinture diluée. Quand elle est bien sèche, dessiner des vagues à la peinture un peu plus épaisse, mais à touches légères. Laisser parfaitement sécher avant d'enlever les rubans adhésifs. Agrandir le motif à la photocopieuse, le décalquer puis le reporter sur le carton. Évider au cutter pour obtenir un pochoir. Appliquer au milieu du dessus, maintenir par du ruban adhésif ou des punaises. Peindre comme pour l'encadrement. Laisser sécher. Repasser sur l'envers pour fixer la couleur.

Confectionner la housse de coussin : piquer un double rentré de 1 cm sur une longueur de chaque morceau du dessous. Les épingler en les croisant envers contre endroit pour former un carré de 47 cm de côté. Poser dessus et dessous endroit contre endroit. Piquer à 1 cm des bords. Retourner. Repasser. Surpiquer sur l'endroit à 6 cm des bords.

tissus

QUATUOR A CORDES

Dimensions : 40 x 40 cm ou 50 x 50 cm

FOURNITURES

44 cm de toile en 140 cm de large (coussin fauteuil) ou 54 cm de toile en 140 cm de large (coussin au sol) • Fil à coudre assorti • 6 m de cordage pour le coussin du fauteuil, 3 gros nœuds chinois et 1 m de cordage pour le coussin au sol.

RÉALISATION

Les 2 coussins sont confectionnés de la même manière.

Couper un rectangle de toile de 44 x 100 cm ou de 54 x 125 cm en utilisant la lisière pour un bord de 44 ou 54 cm. Piquer vers l'envers un double rentré de 1 cm sur l'extrémité opposée.

En partant de la lisière, mesurer 20 ou 25 cm. Plier endroit contre endroit puis rabattre par-dessus l'extrémité ourlée pour obtenir un pliage de 40 ou 50 cm de haut. Piquer les bords ouverts à 2 cm. Retourner. Repasser.

COUSSIN DU FAUTEUIL

Couper 2 morceaux de cordage de 120 cm. En partant du milieu d'une largeur, épingler le milieu du cordage sur une arête puis fixer à points solides jusqu'au milieu des côtés suivants. Faire le même travail avec l'autre morceau. Nouer les extrémités ensemble. Couper le restant de cordage en 3 morceaux égaux. Nouer autour de la housse après avoir glissé le coussin à l'intérieur.

COUSSIN AU SOL

Coudre les 3 nœuds en guise de boutons. Couper 3 morceaux de cordage de 20 cm. Former 3 boucles et les coudre sur la lisière en guise de brides de boutonnage. Nouer les extrémités du cordage restant. Le coudre sur le coussin en formant une lettre.

L'Homme de sable

A GROS FLOCONS

Dimensions : 40 x 40 cm

FOURNITURES

Pour chaque coussin : 43 x 84 cm de cotonnade blanche, souple • 1 coussin blanc de 40 cm de côté • Pour chaque lettre : carrés de 11 cm de cotonnade blanche souple • Fil à coudre blanc • Bourrage synthétique.

RÉALISATION

Pour chaque boule, dessiner un cercle d'environ 10 cm de diamètre sur le carré. Couper les angles. Passer un solide fil de fronces sur le cercle, tirer sur le fil et, avant de nouer, glisser du bourrage synthétique à l'intérieur de la boule formée.

Sur l'envers de la bande de cotonnade dessiner 2 carrés de 41 cm de côtés accolés. Il reste 1 cm tout autour pour les coutures. Sur un des carrés centrer un rectangle de 20 cm de haut et 16 cm de large. Dessiner une lettre retournée en suivant les bords de ce rectangle. Coudre les boules sur l'endroit, en suivant le tracé, et en espaçant le centre des boules d'environ 4 cm.

Plier le tissu endroit contre endroit. Piquer sur 3 côtés, à 1 cm des bords, en laissant une ouverture au milieu d'un côté. Glisser le coussin à l'intérieur. Fermer l'ouverture à la main ou, pour pouvoir laver plus facilement les housses, poser une fermeture à glissière dans l'ouverture.

ARGENT A CŒUR

Dimensions : 40 x 40 cm

FOURNITURES

Pour chaque coussin : 42 x 97 cm de drap de laine gris ou bleu ou crème • Croquet et pompons argent • Fil à coudre assorti • 1 coussin carré de 40 cm de côté.

RÉALISATION

Plier vers l'envers puis piquer un double rentré de 0,5 cm sur chaque bord de 42 cm du drap. Diviser le tissu en 3 parties en posant des épingles sur les lisières : 2 parties de 40 cm, la 3e de 15 cm de large. Épingler le croquet sur l'endroit de la partie centrale, le coudre à la main en piquant dans chaque pointe.

Rabattre la partie de 15 cm envers contre envers de la partie brodée puis la dernière partie endroit contre endroit de la partie décorée. Piquer les bords. Retourner. Glisser le coussin dans la housse.

TAFFETAS ET FALBALAS

Dimensions : 32 x 32 cm, 33 x 22 cm, 24 x 24 cm

FOURNITURES

COUSSIN PÉTALE

2 carrés de 35 x 35 cm (dessus et dessous) et 4 carrés de 17,5 x 17,5 cm de taffetas.

COUSSIN RECTANGULAIRE

Pour le dessous : 36 x 25 cm de taffetas, pour le dessus : 16 x 25 cm couleur A, 28 x 25 cm couleur B, 36 x 25 cm couleur C ● Fil à coudre assorti.

COUSSIN CARRÉ

2 carrés de 27 cm de côté (dessus et dessous), 1 triangle rectangle de 23 cm de côtés placés dans le biais pour que l'hypoténuse soit dans le droit fil.

POUR LES 3 COUSSINS

Fil à coudre assorti ● Bourrage synthétique.

RÉALISATION

Pour obtenir de belles franges il est important que les bords soient bien coupés dans le droit fil !

COUSSIN PÉTALE

Effranger 2 bords contigus de chaque petit carré. Les poser sur le dessus en plaçant les franges vers le milieu. Bâtir le tour du dessus. Poser les 2 carrés endroit contre endroit. Piquer le tour à 1,5 cm des bords en laissant une ouverture au milieu d'un côté. Retourner. Remplir de bourrage. Fermer l'ouverture à la main.

COUSSIN RECTANGULAIRE

Effranger, sur 3 cm, un bord de 25 cm des rectangles A, B et C. Poser B sur C puis A sur B en les alignant à gauche. Bâtir le tour. Effranger un bord de 25 cm du dessous sur 3 cm. Poser dessus et dessous endroit contre endroit. Piquer 3 côtés en laissant le bord effrangé ouvert. Retourner. Remplir de bourrage. Fermer l'ouverture à la main.

COUSSIN CARRÉ

Effranger le bord droit fil du triangle. Le poser dans un angle du dessus. Bâtir les bords de l'angle droit. Poser dessus et dessous endroit contre endroit. Piquer le tour en laissant une ouverture au milieu d'un côté. Retourner. Remplir de bourrage. Fermer l'ouverture à la main.

FINITIONS SUR MESURE

COUSSIN À DENTS

Dimensions : 40 x 48 cm

FOURNITURES

50 cm de velours en 140 cm de large • 50 cm de damassé • 3 boutons à recouvrir • Fil à coudre assorti.

RÉALISATION

Couper une bande de velours de 95 x 42 cm et une bande de damassé de 40 x 42 cm. Plier le damassé endroit contre endroit. En suivant le schéma, dessiner les dents sur l'envers. Piquer sur le tracé. Découper les arrondis en crantant les rentrés. Retourner. Repasser. Broder une boutonnière au milieu de chaque dent.

Rabattre les 45 premiers cm du velours, endroit contre endroit des 50 cm suivants. Épingler le damassé endroit contre endroit, à ras du bord des 5 cm qui dépassent en glissant les dents entre les 2 épaisseurs. Piquer tout le tour à 1 cm des bords.

Retourner. Recouvrir les boutons de velours. Les coudre en dessous des boutonnières.

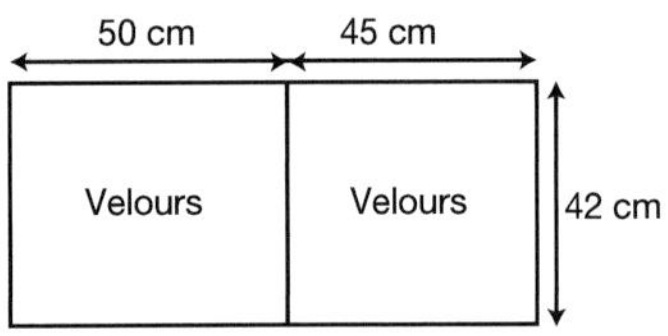

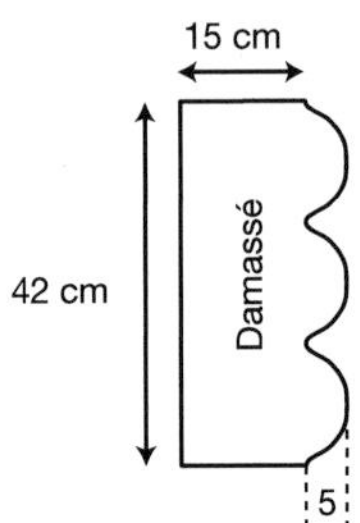

COUSSIN À POMPONS

Dimensions : 30 x 25 cm

FOURNITURES

30 cm de velours beige • 55 cm de galon à pompons • Fil à coudre assorti • Autoagrippant.

RÉALISATION

Couper pour le dessus un rectangle de velours de 32 x 27 cm et pour le dessous 2 rectangles de 20 x 27 cm. Ourler une hauteur de chaque rectangle du dessous. Les croiser puis les épingler envers contre endroit pour former un rectangle de 32 x 27 cm.

Bâtir le galon sur l'endroit de chaque bord de 27 cm du dessus, pompons vers le milieu. Poser dessus et dessous endroit contre endroit. Piquer le tour. Retourner. Piquer une petite bande d'autoagrippant pour maintenir les 2 parties du dessous bien croisées.

COUSSIN À NŒUDS

Dimensions : 28 x 40 cm

FOURNITURES

40 cm de velours beige clair et de lin beige foncé en 140 cm de large • 2 m de ruban de velours large pour les nœuds • 180 cm de ruban de velours étroit pour border la housse • Fil à coudre assorti • Bourrage synthétique.

(suite page 102)

À TÊTE REPOSÉE

FOURNITURES

90 x 60 cm de toile à matelas rayée ● Bourrage synthétique ● 2 pompons de passementerie ● Fil assorti.

RÉALISATION

Reproduire le patron à grandeur. Découper 4 fois dans le tissu en ajoutant 1 cm autour de chaque morceau pour les coutures. Piquer les morceaux les uns aux autres, endroit contre endroit, à 1 cm des bords en laissant une ouverture au milieu d'un côté. Cranter les rentés de couture. Retourner. Bourrer. Fermer l'ouverture à la main. Marquer toutes les arêtes du coussin par un point de surjet à cheval sur les coutures, ce qui forme une nervure. Faire le même travail à chaque extrémité du coussin sur la ligne indiquée sur le schéma. Coudre un pompon à chaque extrémité.

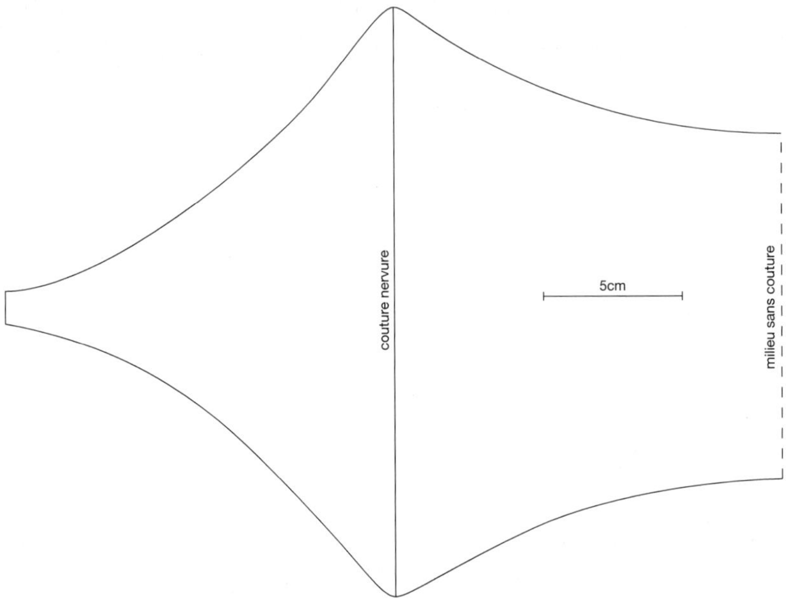

Méli-mélo

JEUX DE POINTS

Les coussins sont expliqués dans l'ordre de la photo, du haut vers le bas. Ils sont tous tricotés avec des fils de La Droguerie, qualité « Laine du terroir » (100 % laine), avec des aig. n° 8.

COUSSIN À CÔTES

Dimensions : 30 x 30 cm

FOURNITURES

150 g. col. Bizet ● 3 boutons façon corne beige, 50 mm.

POINT EMPLOYÉ

Côtes fantaisies, 1er rg : * 2 m. env., fil derrière, 2 m. glissées en les prenant comme pour les tric. à l'env., fil devant, 1 m. env., fil derrière, 1 m. glissée en la prenant comme pour la tric. à l'env., fil devant *

2e rg : tric. les m. comme elles se présentent, les m. allongées à l'env.

ÉCHANTILLON

Un carré 10 cm côtes fantaisies, aig. n° 8 = 16 m. et 18 rgs

RÉALISATION

Pour le dessus, monter 48 m., tric. 30 cm de côtes fantaisies et rab. Tric. le dessous comme le dessus mais sur 42 cm. Poser dessus et dessous envers contre envers. Coudre les côtés et le bas. Rab. les 12 cm d'excédent du dessous sur le dessus. Coudre les côtés. Broder 3 brides sur le bord du rabat. Coudre les boutons en vis à vis sur le dessus.

COUSSIN POINT DE BLÉ

Dimensions : 60 x 60 cm

FOURNITURES

400 g col. Écru ● 5 boutons en olivier 4 trous, 40 mm.

POINT EMPLOYÉ

Point de blé, 1er rg : * 1 m. end., 1 m. env. *

2e rg et ts les rgs pairs : tric. les m. comme elles se présentent

3e rg : * 1 m. env., 1 m. end. *

5e rg : reprendre au 1er rg

ÉCHANTILLON

Un carré 10 cm point de blé, aig. n° 8 = 12 m. et 18 rgs

RÉALISATION

Pour le dessus, monter 72 m., tric. 60 cm au point de blé et rab. Tric. le dessous comme le dessus mais sur 80 cm. Poser dessus et dessous envers contre envers. Coudre les côtés et le bas. Rab. les 20 cm d'excédent du dessous sur le dessus. Coudre les côtés. Broder 5 brides sur le bord du rabat. Coudre les boutons en vis à vis sur le dessus.

COUSSIN À DAMIERS

Dimensions : 40 x 40 cm

FOURNITURES

180 g col. Écru ● 45 boutons Akoya ronds, 2 trous, 13 mm ● 1 coussin carré de 40 cm de côté.

POINT EMPLOYÉ

Damiers, 1er rg : * 8 m. end., 8 m. env. *

2e rg : à l'env. Répéter ces 2 rgs en contrariant la disposition des m. tous les 14 rgs.

(suite page 103)

Méli-mélo

PAIX INTÉRIEURE

Dimensions approximatives : Paix : 22 x 52 cm ; Pax : 39 x 27 cm ; Signe de la paix : 29 x 29 cm

FOURNITURES

Tous les coussins sont brodés sur du canevas unifil, 5 points au centimètre.

COUSSIN PAIX : 32 x 62 cm de canevas et de tissu pour le dessous • Retors mat de DMC : 2580, 2543, 2013.

COUSSIN PAX : 49 x 37 cm de canevas et de tissu • Retors mat de DMC : 2169, 2304, 2902.

COUSSIN AU CERCLE : 39 x 39 cm de canevas et de tissu • Retors mat de DMC : 2902, 2013.

1 aiguille à tapisserie • Bourrage synthétique • Fil à coudre.

RÉALISATION

Surfiler le tour du canevas pour éviter qu'il s'effiloche. Passer un fil de bâti pour délimiter un rectangle aux dimensions du coussin. Broder les motifs au demi-point en suivant les grilles. Remplir les fonds, également au demi-point en couvrant toute la surface pour le coussin Pax et le coussin au cercle, une rangée verticale sur deux pour donner un effet de côtes au coussin Paix.

Poser le canevas et le tissu endroit contre endroit. Piquer le tour en laissant une ouverture au milieu d'un côté. Retailler les rentrés. Retourner. Remplir de bourrage. Fermer l'ouverture à la main.

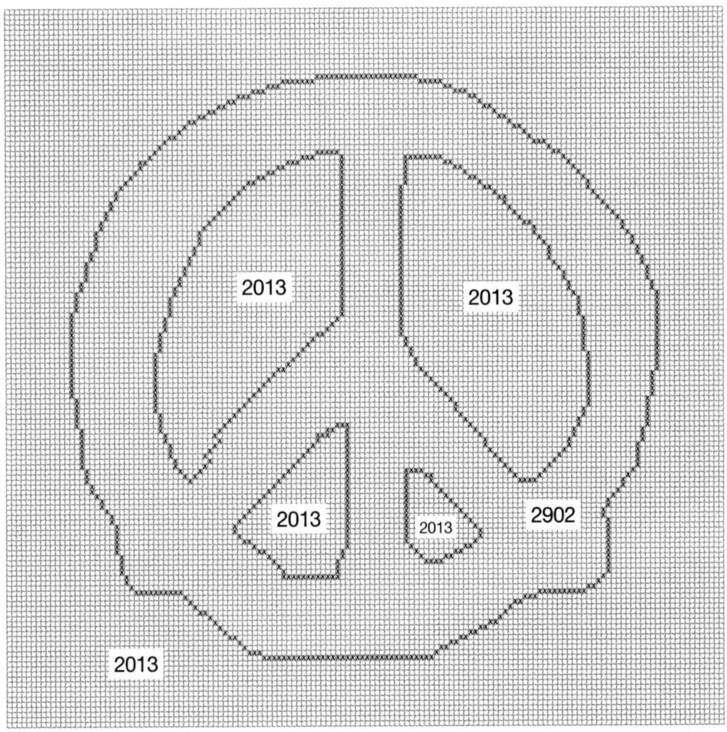

(suite page 104)

PAIX
NADAR
Karl Blossfeldt
JEANLOUP

Méli-mélo

RUBANS ET TRICOT

FOURNITURES

Fils à tricoter de La Droguerie, qualité « Surnaturelle » (100 % laine) :

COUSSIN DE GAUCHE (A – 40 x 40 cm) : 100 g col. Grenadine (= G) et col. Chaudron (= C) ; 50 g col. Nevada (= N), 30 g col. Mûre (= M) et col. Garance (= O), 20 g col. Vermillon.

COUSSIN CENTRAL (B – 60 x 40 cm) : 80 g Chaudron, Grenadine et Mûre, 60 g Nevada, 50 g Garance et 20 g Vermillon

COUSSIN DE DROITE (C – 40 x 40 cm) : 80 g Grenadine, Chaudron, Mûre et Nevada, 20 g Vermillon et Garance

RUBAN DE VELOURS de 10 mm de large : pour A : 5 m Grenadine (= G), 2 m Harissa (= O) et Violet foncé (= V) ; pour B : 4 m Grenadine et Violet foncé, 3 m Harissa ; pour C : 2 m Grenadine, Violet foncé et Harissa.

Aig. n° 3,5 ● Bourrage synthétique.

(suite page 105)

Méli-mélo

BLOTTI DANS LES BOIS

Dimensions : 41 x 41 cm

FOURNITURES

Fils à tricoter de La Droguerie, qualité « Benjamine » : 300 g col. Écru ● Aig. n° 3 et n° 4 ● Crochet n° 3 ● Un coussin.

POINTS EMPLOYÉS

Côtes plates : * 3 m. env., 1 m. end. *. Jersey end. : * 1 rg end., 1 rg env. *. Au crochet : mailles chaînettes

RÉALISATION

Faces du coussin : monter 89 m., aig. n° 4. Tric. en côtes plates en comm. par 1 m. end. Rab. à 41 cm de haut. tot. Tric. une 2e face semblable.

Feuilles de gui : monter 6 m., aig. n° 4. Tric. en jersey end. Au 15e rg prendre les m. 2 par 2 = 3 m. Tric. 12 rgs puis au 13e rg doubler toutes les m. = 6 m. Tric. 14 rgs droits et rab. Tric. 14 feuilles semblables.

Noppes : monter 2 m., tric. 1 rg env., tourner, doubler les m. = 4 m., tric. 1 rg env., tourner, tric. les m. 2 par 2, tourner, tric. les 2 m. ensemble. Arrêter. Nouer le fil d'arrêt et le fil de montage ensemble pour former une boule. Tric. 32 noppes pour les boules du gui.

MONTAGE

En suivant la photo, plier les feuilles par le milieu et les coudre sur une face du coussin. Coudre les noppes dans le creux des feuilles. Confectionner des petites chaînettes, de différentes longueurs, et les coudre sous les feuilles pour former les tiges. Poser les 2 faces du coussin, endroit contre endroit. Piquer sur 3 côtés. Retourner. Glisser le coussin dans la housse. Fermer le dernier côté.

Méli-mélo

TOUT CE QUE TU VŒUX

FOURNITURES

Les 3 coussins sont brodés sur du canevas unifil, 5 points au centimètre avec du retors mat DMC et remplis de bourrage synthétique.

PORTE-BONHEUR (26,5 x 25,5 cm) : 35 x 35 cm de canevas ● 6 écheveaux de coton à broder 2442 ● 4 écheveaux 2114 ● 1 écheveau 2227 ● 28 x 28 cm de cotonnade (dessous) ● Fil à coudre.

BEAUCOUP D'AMOUR (32,5 x 19 cm) : 42 x 29 cm de canevas ● 2 écheveaux de coton à broder 2495, 2128 et 2715 ● 1 écheveau de chacun des autres coloris (voir légende grille) ● 45 x 32 cm de cotonnade ● Fil à coudre.

DES FLEURS POUR TON JARDIN (31 x 17 cm) : 6 écheveaux de coton à broder 2446 ● 1 écheveau de chacun des autres coloris (voir légende grille) ● 34 x 21 cm de cotonnade ● Fil à coudre.

RÉALISATION

Repérer le milieu de la grille puis le milieu du canevas. Broder au demi-point en suivant la grille, du centre vers l'extérieur. Repasser à la pattemouille sur l'envers en appuyant la broderie sur un molleton.

Poser la broderie et la cotonnade endroit contre endroit. Piquer le tour à ras de la broderie en laissant une ouverture au milieu d'un côté. Retailler les rentrés. Surfiler. Retourner. Remplir de bourrage. Fermer l'ouverture à la main.

(schémas page 108)

PORTE
BONHEUR
BEAUCOUP
D'AMOUR
PLEIN DE FLEURS
POUR
TON JARDIN

Méli-mélo

JOLIS INSECTES

Dimensions : 50 x 32 cm

FOURNITURES

2 feuilles de plastique fou transparent ● Crayons de couleur ● Ciseaux ● Emporte-pièce rond de 6 mm de diamètre ● Marteau ● Mouliné DMC 451 pour broder les noms des insectes et coloris assortis aux insectes pour les coudre sur le coussin ● 70 cm de toile de lin écru, 12 fils au centimètre ● 35 cm de cotonnade assortie ● Fil à coudre ● Coton « Spécial broder » n° 20 écru ● Papier d'aluminium ● Four ménager.

RÉALISATION

Pour les boutons, décalquer les insectes agrandis directement sur le plastique fou en plaçant le côté rugueux sur le dessus. Après cuisson les motifs seront réduits sept fois ! Dessiner les contours dans la couleur indiquée puis colorier en commençant par les couleurs les plus claires. Avec l'emporte-pièce et le marteau, perforer les trous aux

(suite page 111)

bourdon
papillon de jour
abeille

LA REINE DE LA RUCHE

Dimensions : 30 x 24 cm

FOURNITURES

45 x 40 cm de Canevas Pénélope bifils n° 24, blanc, 5,5 points au cm • 1 aiguille à tapisserie à bout rond n° 16 • Laine Colbert DMC, art. 486, 1 éch. col. : 7624, 7513, 7417, 7413, 7725, 7726, 7505, 7474, 7780 ; 2 éch. col. : 7521, blanc ; 3 éch. col. : 7444 ; 4 éch. col. 7919 • Mouliné spécial DMC, art. 117, 1 éch. col. 3023, 3045, 3072 et blanc • 35 x 30 cm de cotonnade • Bourrage synthétique • Fil à coudre.

POINTS EMPLOYÉS

Demi-point et point de piqûre.

RÉALISATION

Surfiler le tour du canevas.

Repérer le centre du canevas et le centre de la grille puis broder, au demi-point, en suivant le diagramme, du centre vers l'extérieur. Le demi-point en Mouliné est brodé avec 4 brins. Terminer en brodant le point de piqûre avec 3 brins du Mouliné.

Repasser à la vapeur sur l'envers en appuyant la broderie sur un molleton.

Poser canevas et cotonnade endroit contre endroit. Piquer le tour à ras de la broderie en laissant une ouverture au milieu d'un côté. Retailler la cotonnade et le canevas pour ne garder que 2 cm de rentrés. Retourner. Remplir de bourrage. Fermer l'ouverture à la main.

(suite page 113)

Les abeilles

Méli-mélo

BRODÉ ET APPLIQUÉ

FOURNITURES

Pour chaque coussin : un morceau de toile et de laine bouillie en ajoutant 4 cm aux dimensions du coussin (voir ci-dessous) • Chutes de laine bouillie blanche et beige pour les applications de fleurs • Laines à broder • Bourrage synthétique • Fil à coudre • Crayon à pointe fine.

RÉALISATION

Coussins brodés : fleurs à points lancés (50 x 50 cm), lignes pointillées (40 x 40 cm), semis (40 x 60 cm). Dessiner les motifs sur la laine bouillie. Broder les fleurs au point de tige, les lignes à points avant, le semis à points de nœud de tailles différentes en les rapprochant un peu plus dans un angle.

Coussins edelweiss (35 x 35 cm pour celui avec la fleur seule, 40 x 30 cm pour l'autre) : découper la fleur agrandie dans la laine blanche, la tige et les feuilles dans la laine beige. Appliquer sur la laine bouillie à petits points sur les bords avec un fil de même couleur. Broder des points blancs autour de la fleur ou des lignes au point avant.

Poser toile et laine bouillie endroit contre endroit. Piquer le tour à 2 cm des bords en laissant une ouverture au milieu d'un côté. Retourner. Remplir de bourrage. Fermer l'ouverture.

lafuma
lafuma

Peinture

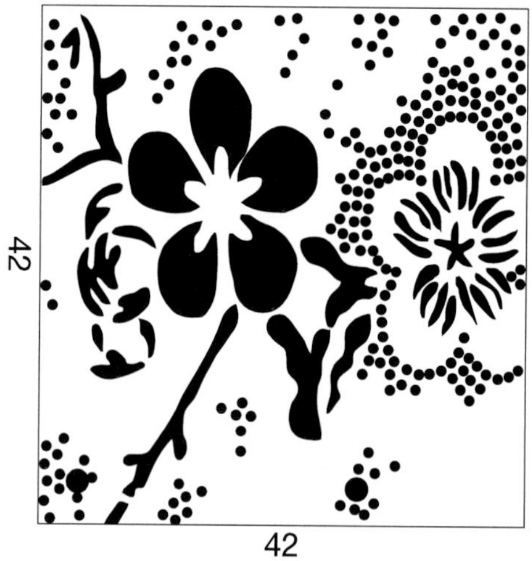

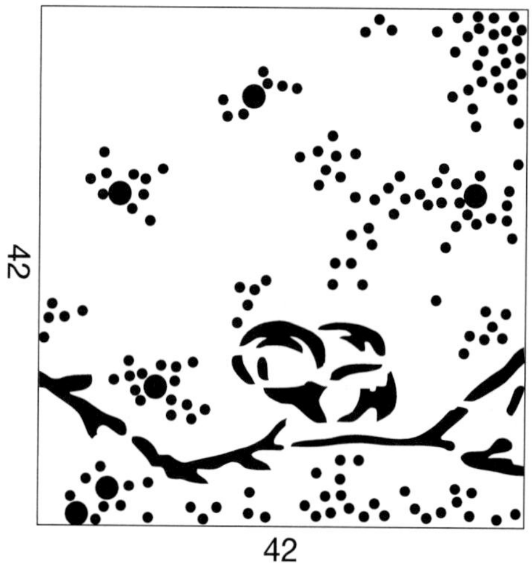

SOLO OU DUO

40 x 40 cm

COUSSIN À CÔTES

Dimensions : 30 x 30 cm

FOURNITURES

Pour les 2 coussins : 4 carrés de 42 cm de côté de tissu vert • Peintures Textile plus de Marabu : rose 033, bordeaux 034, carmin 032, vert 096, blanc 070 et noir 073 • Emporte-pièces ronds à frapper de 9, 12 et 15 mm de diamètre, marteau, brosse à pochoir • 2 coussins de plumes de 40 cm de côté • Cutter • Ruban adhésif large ou plastique adhésif • Mouliné DMC : 1 écheveau 666 et 902.

RÉALISATION

Agrandir les motifs à la photocopieuse. Recouvrir le dos de ruban ou de plastique adhésif pour donner de la tenue au pochoir. Évider toutes les surfaces noires : les pois avec les emporte-pièces en s'appuyant sur une surface dure, les autres formes au cutter.

Poser les pochoirs obtenus sur 2 morceaux de tissu. Maintenir en place à l'adhésif. Peindre en tamponnant avec les pinceaux pochoirs légèrement chargés. Passer plusieurs fois pour obtenir l'intensité souhaitée puis laisser complètement sécher.

Broder le cœur de la fleur rouge au point de graine (petits points de nœuds juxtaposés) avec 3 brins de Mouliné rouge, marquer les pétales au point de tige et au point de nœud. Disperser, selon la fantaisie, quelques points de graines sur quelques pois.

Poser un carré garni et un carré uni endroit contre endroit. Piquer le tour à 1 cm en laissant une ouverture au milieu d'un côté. Retourner. Glisser le coussin dans la housse. Fermer l'ouverture à la main.

ACIDULÉS

FOURNITURES

Housses de coussins de piqué fleuri blanc • Teintures Dylon :
COUSSIN ORANGE : teinture à froid 1 boîte n° A18 Nasturtium (orange) + 1 sachet de fixateur cold fix
COUSSIN VERT : teinture grand teint usage manuel 1 boîte N° 1 jaune et N° 53 Turquoise
COUSSIN MAUVE : teinture grand teint usage manuel 2 boîtes N° 17 lavande.
Peinture pour tissu Color Fun n° 12 blanc • Cuvette en plastique • Pinceau fin • Gants de ménage.

RÉALISATION

Laver les housses et les garder humides.
Préparer les bains de teinture en suivant les notices du fabricant. Pour le coussin orange, utiliser la capsule entière et le fixateur ; pour le coussin vert, mélanger la capsule jaune et 1 cuillère à café de poudre turquoise ; pour le coussin lavande utiliser les 2 capsules pour obtenir une couleur plus soutenue. Le fixateur est inclus dans la teinture des coussins vert et lavande. Plonger le tissu humide dans la teinture. Laisser tremper 1 heure en remuant souvent pour éviter les marbrures. Bien rincer puis laver avec une lessive habituelle. Laisser sécher, repasser. Glisser un carton à l'intérieur des housses pour tendre le tissu. Peindre les motifs fleuris en blanc en passant plusieurs couches pour obtenir une belle couleur. Laisser sécher. Repasser sur l'envers pour fixer la couleur.

ASSISE ÉCOSSAISE

FOURNITURES

Lin : métrage à calculer en fonction du siège à garnir ● Rubans de coton ● Peintures « Textil » de Lefranc & Bourgeois : vert feuillage 494, Tahiti 489, Lavande 640, rose pourpre 642 ● Pinceau. Fil à coudre. Ouatine en plaque. Carbone à tissu ● Crayon à pointe dure ● Papier calque ● Pinceau fin ● Lime à ongles.

RÉALISATION

Prendre les mesures sur le siège puis couper, pour chaque coussin, deux rectangles de lin en ajoutant tout autour 5 cm (2 cm pour le volant, 3 cm pour le rentré). Punaiser les morceaux du dessus de chaque coussin sur une surface dure. Décalquer le motif agrandi, le poser sur le tissu en intercalant le carbone puis avec une règle et le crayon à pointe dure, marquer toutes les lignes du motif. Appliquer la couleur avec un pinceau fin, en "effilochant" les extrémités des traits. Laisser sécher une nuit puis pour donner un aspect patiné, frotter doucement avec une lime à ongles.

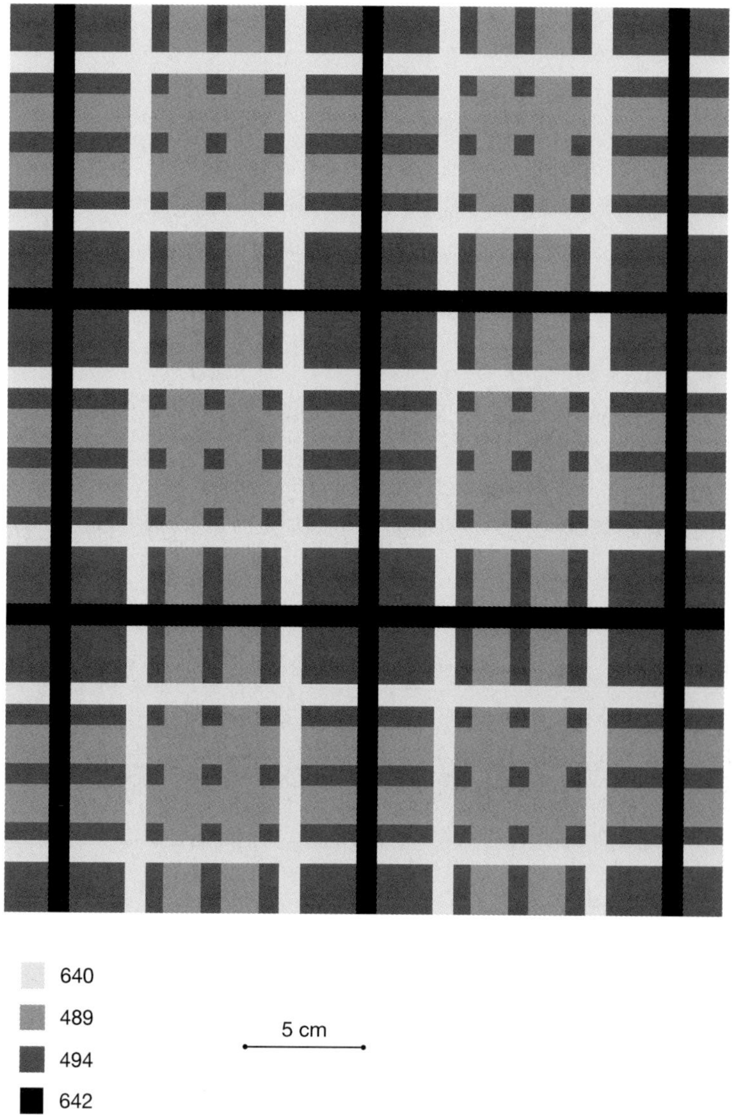

Repasser vers l'envers, autour de chaque morceau, un rentré de 5 cm. Poser les morceaux envers contre envers. Piquer le tour à 2 cm des bords. Avant de coudre le dernier côté, glisser de la ouatine entre les deux épaisseurs. Coudre un morceau de ruban plié en deux sur les angles arrière (assise) ou sur les quatre angles (dossier).

Peinture

LE TRAIT DE L'ARTISTE

Dimensions : 58 x 47 cm

FOURNITURES

Pour chaque housse de coussin, toile de lin bis : 1 rectangle de 60 x 49 cm (dessus) et 2 rectangles de 60 x 39 cm (dessous) ● Fil à coudre assorti ● Retors mat DMC : 2 écheveaux bleu 2797 ● Mouliné DMC : 1 écheveau bleu 798 ● 1 aig. n° 6 pour le Mouliné, n° 18 pour le retors ● Peinture à tissu blanc et bleu ● Pinceau brosse ● Papier calque ● Crayon.

RÉALISATION

Peindre une large diagonale blanche en travers du dessus de chaque coussin. Laisser sécher. Reproduire le motif à grandeur, décalquer, redessiner tous les traits sur l'envers au crayon. Poser sur le dessus. Repasser tous les traits avec une pointe dure pour les imprimer sur le tissu.

Peindre à larges coups de pinceau, en dégradés de bleus par mélanges des 2 couleurs. Laisser sécher. Repasser sur l'envers pour fixer la peinture.

(suite page 114)

Peinture

PARTI PRIS DE SYMÉTRIE

FOURNITURES

Housses de coussin écrues • Feuilles de plastique transparent (type intercalaires) • Pinceaux • Peinture pour tissu Setacolor opaque de Pébéo • Rouleau à pâtisserie.

RÉALISATION

Plier les feuilles de plastique en deux. Marquer la pliure pour que la feuille soit plus facilement manipulable par la suite. Ouvrir. Sur une moitié et à ras de la pliure déposer 2 grosses gouttes de peinture de couleur pour les ailes, et dans la pliure un peu de noir pour les antennes et la tête. Plier la feuille puis étaler la peinture en promenant les doigts sur le dessus du plastique tout en contrôlant la forme par les mouvements des doigts. Déplier la feuille, l'appuyer aussitôt sur le tissu du plat de la main puis appuyer plus fortement avec le rouleau à pâtisserie. Soulever délicatement le plastique. Laisser sécher. Repasser pour fixer la couleur.

Peinture

RAYURES ET CARREAUX

FOURNITURES

Housses de coussin en toile de lin ● Peintures pour tissu Elbetex de Lefranc & Bourgeois ● Médium ● Brosse queue de morue ● Craie.

RÉALISATION

Poser les housses à plat sur une grande planche.
Tracer les motifs à la craie à l'aide d'une grande règle : rayures, carreaux...
Glisser un carton ou du papier absorbant entre les 2 épaisseurs pour éviter que la peinture n'imprime l'autre face de la housse.
Punaiser le tissu bien tendu.
Diluer les couleurs avec un mélange à part égale de médium et d'eau jusqu'à obtention de la couleur désirée. Faire des essais sur une chute de tissu, il vaut mieux que la couleur soit trop claire et passer 2 ou 3 couches de peinture en laissant sécher entre chaque couche.
Ne pas trop imbiber les pinceaux et les passer horizontalement sur le tissu pour former des rayures.
Laisser sécher tendu. Fixer au fer en repassant sur les 2 faces et en protégeant la semelle du fer par un papier de soie.

Peinture

SUJET À RÉPÉTITION

Dimensions : 42 x 48 cm ou 29 x 29 cm

FOURNITURES

Lin naturel • Peintures Textil pour tissus foncés de Lefranc & Bourgeois, 1 flacon : vert printemps 544, blanc 001, pétale de rose 455, terre d'ombre brûlée 477 • Pinceaux • Couteau à découper bien aiguisé • Papier journal • Pommes Granny Smith • Bourrage synthétique.

RÉALISATION

Pour enlever l'apprêt du lin le laisser tremper toute une nuit dans l'eau froide puis le laver à 60°. Le repasser humide pour qu'il soit parfaitement lisse.

Couper 2 morceaux de tissu pour chaque coussin : 44 x 30 cm pour les coussins rectangulaires, 31 x 31 cm pour les coussins carrés.

Protéger le plan de travail avec du papier journal. Couper la pomme d'un seul coup. La surface qui servira de support doit être plane et conserver la queue. Essuyer la chair puis badigeonner copieusement de peinture : le centre en blanc, quelques touches pétales de rose, le contour en vert et la queue en terre d'ombre brûlée. Appliquer la pomme sur le tissu d'un seul coup. Appuyer sur la queue pour l'imprimer. Soulever la pomme d'un geste précis. La pomme est imprimée avec quelques imperfections qui en font tout le charme. Faire des essais sur des chutes de tissu pour doser la quantité de peinture à déposer sur les pommes et la pression à donner lors de l'impression. Essuyer la pomme entre les impressions si les motifs deviennent trop « flous ». Laisser sécher plusieurs heures. Repasser 5 minutes de chaque côté du tissu pour fixer la couleur en protégeant la semelle du fer avec un papier de soie. Piquer les 2 faces à 1 cm des bords, endroit contre endroit, en laissant une ouverture au milieu d'un côté. Retourner. Repasser. Remplir de bourrage. Fermer l'ouverture à la main.

Appliqués

LA TÊTE DANS LES NUAGES

Dimensions : 30 x 30 cm sans les volants

FOURNITURES

Pour chaque coussin : 50 x 50 cm de cotonnade bleu foncé, 35 x 55 cm de cotonnade bleu clair, 15 x 10 cm de cotonnade blanche • Fils assortis • Mouliné DMC art. 117 col. Blanc • Tambour à broder • Aiguille à broder • Papier calque et carbone à tissu • 1 coussin carré de 30 cm de côté.

RÉALISATION

Marquer au fer un rentré de 1 cm puis de 4 cm tout autour du carré bleu foncé. Former chaque angle l'un après l'autre : plier A puis B vers le centre endroit contre endroit. Sortir l'excédent de tissu de l'angle vers l'extérieur. Retourner le premier cm de A et de B envers contre envers. Repasser pour marquer la pliure de l'excédent de tissu. Piquer sur ce biais. Couper l'excédent de tissu à 1 cm de la piqûre (voir schéma). Retourner sur l'endroit. Piquer un des 4 bords du cadre pour le fermer, ce bord sera placé en bas du coussin.

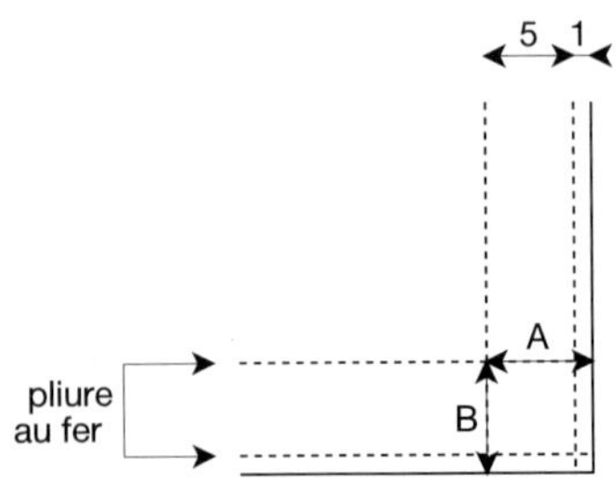

Piquer un double rentré de 1 cm sur un bord de 35 cm du tissu bleu clair = bas du coussin. Marquer au fer une pliure à 1 cm de chacun des 3 autres bords. Marquer un pli à 33 cm du haut pour dessiner un carré de 33 cm de côté sur lequel sera appliqué le nuage et brodé le texte. L'excédent plié vers l'envers forme un rabat portefeuille.

Dessiner le nuage sur un carton. Découper pour former un gabarit. Couper un nuage dans le tissu blanc pour chaque coussin, nuage entier pour le coussin central, moitié droite pour le premier, moitié gauche pour le dernier. Épingler en place. Fixer par un zigzag serré à cheval sur les bords. Sur un papier calque écrire au feutre « Un nuage passe ». Épingler le calque sur le tissu. Glisser le carbone en dessous et reporter un mot sur chaque coussin. Broder au passé plat avec 2 brins du Mouliné. Plier le rabat vers l'envers. Glisser les bords du tissu bleu clair sous les bords du cadre. Piquer le haut et les côtés au bord du cadre à travers toutes les épaisseurs. Glisser le coussin par l'ouverture.

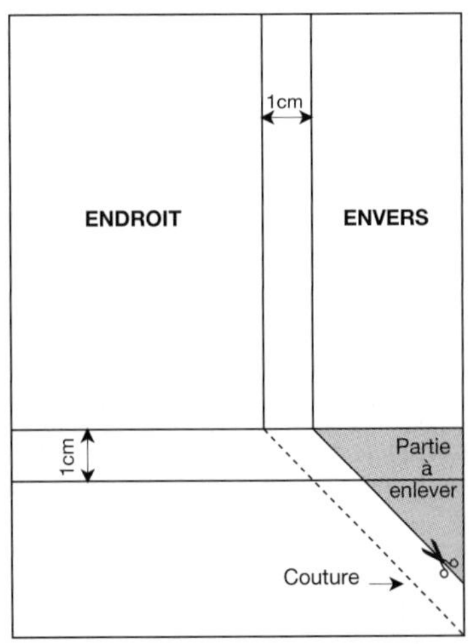

passe
un
nuage

CHATS !

Dimensions : 49 x 39 cm

FOURNITURES

Cotonnade à carreaux : 55 x 45 cm pour le dessous, 2 bandes de 7 x 38 cm (1) et de 7 x 28 cm (2), 16 carrés de 4,5 cm de côté (6).
Cotonnade imprimée : 2 bandes de 3 x 50 cm (4) et 2 bandes de 3 x 38 cm (5).
Cotonnade unie : un rectangle de 38 x 28 cm (3).
Petits morceaux de cotonnade pour les chats appliqués ● Fils à coudre assortis ● Mouliné DMC. Fil à matelasser ● 48 x 38 cm de molleton ● Bourrage synthétique ● Papier calque ● Carbone pour broderie.

RÉALISATION

Toutes les coutures d'assemblage sont faites endroit contre endroit à 1 cm des bords.
Le centre du coussin est garni des chats en appliqué et d'une souris brodée au point de tige.
Dessiner un trait à 1 cm de chaque bord du rectangle 3. Décalquer les

(suite page 115)

chats

NEZ A NEZ

40 x 40 cm ou 40 x 50 cm

FOURNITURES

Coussin blanc cassé : 50 cm de lainage à manteau • Fil assorti • 5 grelots de 12 mm de diamètre • 50 cm de ganse à passepoil.

Coussin beige : 50 cm de lainage à manteau • Fil assorti • 3 boutons à recouvrir de 29 mm de diamètre.

Coussin marron foncé : 50 cm de lainage à manteau • Fil assorti • 9 grelots de 12 mm de diamètre.

Pour les trois coussins : 1 m de feutrine rouge • Colle à tissu UHU • 1 pinceau brosse • Ciseaux • Stylo bille.

RÉALISATION

COUSSIN BLANC

Couper une bande de 41,5 x 96,5 cm. Plier vers l'envers un rentré de 1,5 cm sur un bord de 41,5 cm. Bâtir. Préparer le passepoil : couper une bande de feutrine de 50 x 10 cm. La plier envers contre envers, glisser la ganse dans la pliure puis piquer au plus près.

(suite page 116)

PATTES DE VELOURS

Dimensions : 40 x 40 cm

FOURNITURES

2 carrés de 44 cm de côté de lainage bouilli vert • Toile de lin ficelle • Teinture Dylon, multipurpose Dye : coffee 07, poivre 61, old gold 28 et olive green 34 • Fil à coudre vert • 1 échevette de Mouliné DMC 646 et 645 • Épingles • Bourrage synthétique • Carbone à tissu • Papier calque.

RÉALISATION

Agrandir le schéma à grandeur. Décalquer. Poser le calque sur le lin pour délimiter la quantité de tissu à teindre dans chaque couleur.

Préparer la teinture chocolat foncé en mélangeant un peu de teinture coffee + beaucoup de poivre ; la teinture chocolat clair en mélangeant beaucoup de coffee et un peu de poivre ; la teinture marron en mélangeant old gold + olive green + un peu de coffe. Teindre les tissus en suivant le mode d'emploi. Laisser sécher. Repasser.

Détordre les échevettes de Mouliné pour obtenir un long fil, tremper une extrémité dans de la teinture coffe, l'autre dans de la teinture poivre en laissant le milieu libre pour obtenir un fil dégradé.

Poser le calque sur les tissus verts, glisser le carbone en dessous. Dessiner les contours. Découper.

Composer le chat en épinglant les pièces les unes sur les autres en commençant par celles de l'arrière plan. Poser sur un des carrés verts.

Fixer en brodant un point de tige avec les 6 brins du Mouliné : 645 pour le corps, 646 pour la tête. Broder l'empreinte de la patte.

Poser les 2 carrés endroit contre endroit. Piquer le tour à 2 cm des bords en laissant une ouverture au milieu d'un côté. Retourner. Remplir de bourrage. Fermer l'ouverture à la main.

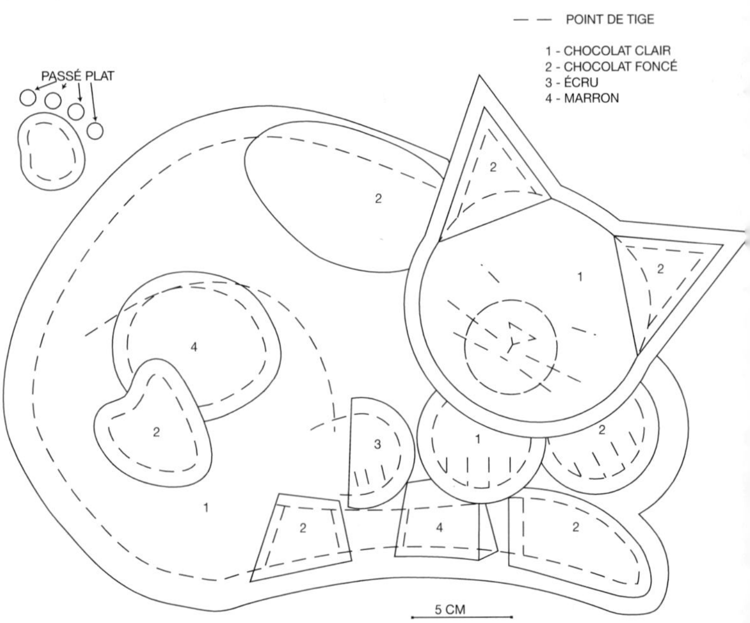

UN VOL DE LIBELLULES

Dimensions : 60 x 60 cm

FOURNITURES

Pour chaque coussin : 62 x 22 cm de tissu fleuri, 62 x 42 cm et 62 x 62 cm de lin naturel (dessus et dessous), organza de soie roses et verts (appliqués) ● Mouliné DMC, 1 éch. 3362, 369, 734, 3803, 3740 ● Teintures Dylon à froid n° 24 (rose Magenta) et teinture grand teint n° 34 (vert olive) et 01 (jaune) ● Fil à coudre ● Ouate polyester.

RÉALISATION

Préparer 2 bains de teinture pour chaque coussin : n° 24 intense et n° 24 très dilué (coussin rose) ou n° 34 + jaune intense et n° 34 + jaune très dilué (coussin jaune). Teindre les tissus imprimés dans le bain clair, le lin dans le bain foncé en surveillant la prise de couleur. Rincer. Laisser sécher. Repasser.

Pour le dessus du coussin piquer l'un au bout de l'autre, endroit contre endroit, à 1 cm des bords, le petit morceau de lin et le morceau

(suite page 117)

SEMIS DE SAISON

Dimensions : 38 x 38 cm

FOURNITURES

Cotonnade blanche : 8 carrés de 15 cm de côté ● Cotonnade rouge et blanche : 4 bandes de 7 x 28 cm et 4 bandes de 7 x 38 cm ● Chutes de cotonnades rouges et vertes ● Fils à coudre assortis ● Épingles à tête ● Aiguille fine ● Aiguille à broder ● Mouliné DMC, 1 écheveau de chacun des coloris suivants : verts 520, 522, 524, roses 3328, 316, 3722 ● Carbone à tissu ● Bourrage synthétique.

RÉALISATION

Décalquer les motifs agrandis. À l'aide du carbone, reporter chaque motif au centre de deux carrés blanc. Découper les fruits et les feuilles qui seront en tissu pour obtenir des gabarits. Les épingler sur les tissus correspondants. Couper à 3 mm puis appliquer en place, à petits points glissés dans l'épaisseur, en pliant les 3 mm vers l'envers. Broder les tiges, les pédoncules et les petits fruits avec 3 brins du Mouliné. Assembler les carrés en les piquant deux par deux endroit contre endroit, à 7 mm des bords, puis en assemblant les deux rangées. Piquer les bandes rouges et blanches en haut et en bas puis à droite et à gauche.

Composer ainsi les deux faces du coussin puis broder les différents points par-dessus les coutures.

Poser les deux faces du coussin endroit contre endroit. Piquer le tour en laissant une ouverture au milieu d'un côté. Retourner. Remplir de bourrage. Fermer l'ouverture à la main.

(schémas page 118)

FAÇON QUILT

Dimensions : 40 x 40 cm

FOURNITURES

Pour chaque coussin :
Flanelle grise : 50 x 50 cm (dessus), 50 x 26 cm et 50 x 28 cm (dessous) ● Feutrine rouge : 50 x 50 cm ● 2 m de biais de coton rouge ● 50 cm d'auto-agrippant noir de 2 cm de large ● Fil à coudre rouge ● Papier calque ● Fine toile thermocollante.

RÉALISATION

Agrandir les motifs à la photocopieuse puis les dessiner 4 fois pour les obtenir en entier. Reporter par transparence sur la toile thermocollante. L'appliquer sur l'envers de la feutrine. Découper sur les traits. Épingler sur le dessus de flanelle, bien centré. Piquer en rouge sur chaque bord des motifs.

Plier au fer un rentré de 1 cm sur une largeur de chaque morceau du dessous. Les croiser pour obtenir un carré de 50 cm de côté. Poser l'auto-agrippant entre les deux.

Poser dessus et dessous envers contre envers. Piquer le biais à cheval sur tout le tour.

Récup'

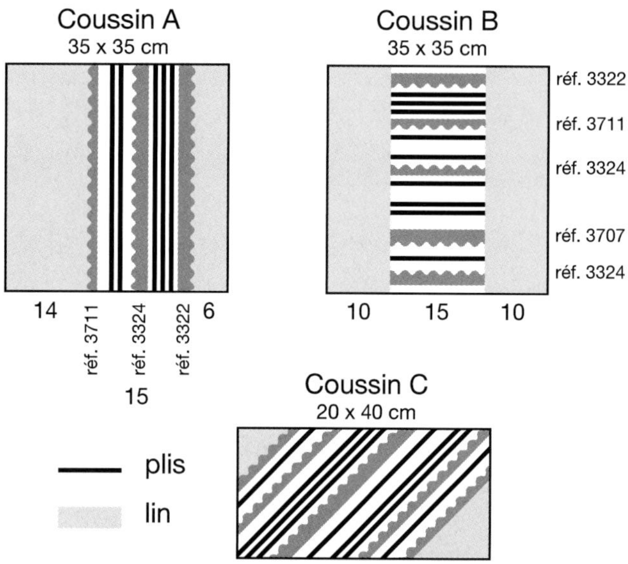

NOTE ROMANTIQUE

Dimensions : 35 x 35 cm ou 20 x 40 cm

FOURNITURES

Taffetas vert • Lin naturel • Dentelles (La Stéphanoise) pour les 3 coussins : 1,5 cm ref. 3707 et 3711 (1,5 cm de large), ref. 3322, 3324 (2,5 cm de large), 3324 (3,5 cm de large) • Fils à coudre assortis • Bourrage synthétique.

RÉALISATION

Toutes les piqûres d'assemblage sont faites à 1 cm des bords !

Coussin A : couper dans le lin, 2 carrés de 37 x 37 cm, 1 rectangle de 16 x 37 cm et un autre de 8 x 37 cm. Couper dans le taffetas un rectangle de 22 x 37 cm. Surfiler le tour de tous les morceaux. Piquer les rectangles de lin endroit contre endroit de chaque côté du taffetas. Ouvrir les coutures au fer puis en suivant le schéma piquer des morceaux de dentelle à plat sur le taffetas en alternant avec des petits plis de 4 mm : plier le tissu envers contre envers puis piquer à 4 mm de la pliure.

Épingler le dessus obtenu envers contre endroit d'un carré de lin puis poser endroit contre endroit du carré restant. Piquer le tour en laissant une ouverture au milieu d'un côté. Retourner. Remplir de bourrage entre les 2 épaisseurs de lin. Fermer l'ouverture à la main.

Coussin B : couper dans le lin, 2 carrés de 37 x 37 cm, 2 rectangles de 12 x 37 cm. Couper dans le taffetas un rectangle de 17 x 45 cm. Surfiler le tour de tous les morceaux. En suivant le schéma coudre les dentelles et former les plis comme précédemment sur le taffetas. Piquer les rectangles de lin endroit contre endroit de chaque côté du taffetas puis terminer comme pour A.

Coussin C : couper dans le lin 2 rectangles de 41 x 31 cm, 2 triangles rectangles de 22 x 10 cm. Couper dans le taffetas un rectangle de 48 x 28 cm Surfiler le tour de tous les morceaux. Plier 2 angles opposés du rectangle de taffetas vers l'envers en plein biais. En suivant le schéma coudre les dentelles et former les plis dans le taffetas comme pour A. Piquer les triangles de lin à la place des angles pliés. Repasser. Dessiner sur l'envers un rectangle de 20 x 40 cm. Piquer endroit contre endroit du rectangle restant en laissant une ouverture au milieu d'un côté. Retailler les excédents de tissu. Retourner. Remplir de bourrage entre les 2 épaisseurs de lin. Fermer l'ouverture à la main. Le travail dans le biais entraîne une plus grande perte de tissu. Il vaut donc mieux prévoir large et retailler le dessus quand tous les plis et dentelles sont cousus !

INSTANT DE GRÂCE

Dimensions : 60 x 40 cm

FOURNITURES

32 x 42 cm de tissu blanc avec monogramme récupéré dans un drap • 45 cm de toile de lin bis • Fil blanc.

RÉALISATION

Couper dans le lin : un rectangle de 42 x 77 cm (dessous), un rectangle de 16 x 42 cm et un de 18 x 42 cm (dessus). Piquer le drap à 1 cm des bords entre les 2 rectangles de lin du dessus. Ouvrir les coutures au fer. Garnir chaque couture, sur l'endroit, d'une broderie blanche fantaisie à la machine.

Piquer un double rentré de 1 cm sur une hauteur du dessous et sur la hauteur de la bande de 18 cm.

Plier le dessous envers contre envers sur 14 cm pour former un rabat. Épingler.

Piquer dessus et dessous endroit contre endroit sur 3 côtés, à 1 cm des bords.

Surfiler. Retourner.

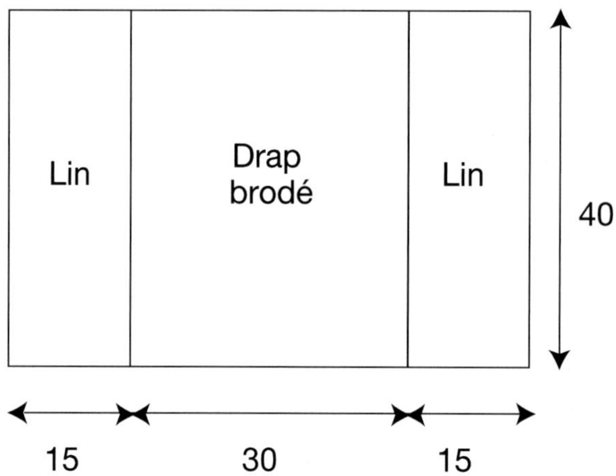

BELLE ANGLAISE

COUSSIN CARRÉ ET COUSSIN RECTANGULAIRE

Dimensions : 50 x 34 cm, 36 x 36 cm

FOURNITURES

2 rectangles de toile blanche de 52 x 36 cm ou de 38 x 38 cm • Broderie anglaise en bandes • Fil blanc • Bourrage synthétique.

RÉALISATION

Épingler les bandes de broderie sur un des morceaux de tissu en les faisant chevaucher de manière à ce que le bord brodé d'une bande cache le bord vif de la suivante. Elles sont épinglées perpendiculairement aux bords sur le coussin rectangulaire, en plein biais sur l'autre. Piquer tous les bords vifs en soulevant la bande voisine et coucher les bandes les unes sur les autres au fur et à mesure. Repasser. Fixer les pointes de la broderie par de petits points invisibles en dessous. Piquer le tour pour maintenir les bandes bien en place.

(suite page 119)

CARREAUX ET DENTELLES

COUSSIN RECTANGULAIRE

Dimensions : 40 x 60 cm

FOURNITURES

1 m de toile de lin à carreaux ● 0,20 m de toile de lin blanc ● 3 boutons fantaisie ● Fil à coudre assorti ● 1 coussin de 60 x 40 cm ● 42 cm de dentelle.

RÉALISATION

Pour le dessus et le dessous, couper 2 rectangles de tissu à carreaux de 62 x 42 cm. Pour la bordure, couper 2 rectangles blancs de 15 x 42 cm. Surfiler le tour des 4 rectangles.

Dessus du coussin : plier puis piquer un ourlet de 2 cm sur une extrémité de 42 cm.

Dessous et rabat : poser les 2 rectangles blancs l'un sur l'autre endroit contre endroit. Glisser le dessous entre les deux et piquer (voir schéma). Repasser sur l'endroit en redressant les 2 rectangles blancs l'un sur l'autre.

Repasser vers l'envers un rentré de 0,5 cm sur les 2 hauteurs blanches. Glisser la dentelle entre les deux. Piquer au point zigzag. Rabattre sur l'endroit du dessous.

Poser dessus et dessous endroit contre endroit, bord ourlé du dessus du même côté que la bordure blanche. Piquer les 3 côtés. Retourner. Glisser le coussin à l'intérieur de la housse. Rabattre la bordure blanche sur le dessus. Fermer en cousant les boutons à travers bordure blanche et tissu à carreaux.

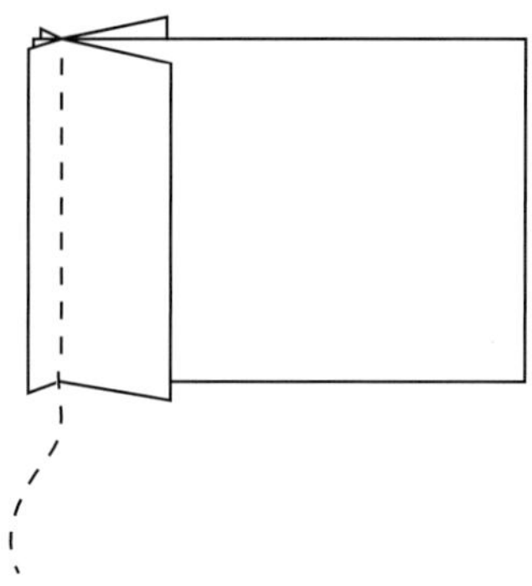

COUSSIN CARRÉ

Dimensions : 50 x 50 cm

FOURNITURES

0,60 m de lin à carreaux bis et blancs ● 0,50 m de lin bis ● 1,50 m de dentelle blanche ● Fil à coudre assorti ● 1 coussin de 50 x 50 cm.

RÉALISATION

Couper dans le lin bis un carré de 28 x 28 cm (centre du dessus), 2 rectangles de 28 x 17 cm (dessous) et dans le lin à carreaux, pour les bordures, 4 bandes de 50 x 14 cm. Surfiler le tour de tous les morceaux.

Piquer un ourlet de 1 cm sur une longueur de 28 cm de chaque morceau du dessous. Poser les 2 morceaux l'un sur l'autre endroit contre envers de manière à former un carré de 28 cm de côté. Maintenir par quelques points sur les bords. Marquer le milieu des côtés de ce carré et le milieu de 4 bandes. Piquer une bande endroit contre endroit sur chaque bord du dessous en alignant les milieux et en arrêtant à 5 mm des extrémités. Marquer les biais pour former les angles : rabattre le bord supérieur sur le bord inférieur, repasser le biais (voir schéma). Piquer les biais l'un sur l'autre dans la marque. Couper l'excédent de tissu à 1 cm. Ouvrir les coutures au fer.

(suite page 120)

ŒUVRES D'ANDRÉ GIDE

DANS DE BEAUX DRAPS

Dimensions : 60 x 60 cm

FOURNITURES

Morceaux de drap de lin blanc brodés en rouge + morceaux de drap bis • 62 x 62 cm de drap écru pour le dessous • Fil écru et fil rouge • Bourrage synthétique.

RÉALISATION

Pour le centre du dessus du coussin, couper dans le drap blanc, autour des monogrammes, un carré de 32 x 32 cm et pour les angles 4 carrés de 17 x 17 cm. Dans le drap bis couper 4 rectangles de 32 x 17 cm.

Toutes les coutures d'assemblage sont faites endroit contre endroit à 1 cm des bords.

Piquer un rectangle bis entre 2 carrés blancs. Ouvrir les coutures au fur et à mesure. Préparer une deuxième bande semblable.

Piquer le carré à monogramme entre 2 rectangles bis.

Piquer les 3 bandes l'une au-dessus de l'autre, celle avec le monogramme au milieu.

Broder à la machine, en rouge, un point de broderie fantaisie par-dessus chaque couture.

Poser dessus et dessous endroit contre endroit. Piquer le tour à 1 cm des bords en laissant une ouverture au milieu d'un côté. Retourner. Repasser. Remplir de bourrage. Fermer l'ouverture à la main.

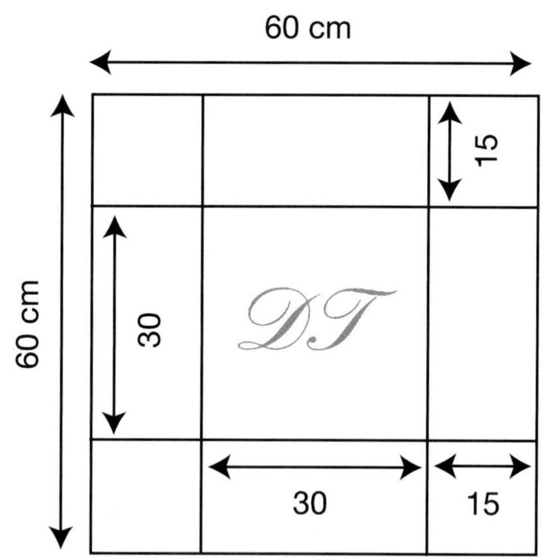

LA TÊTE ET LES JAMBES

COUSSIN CRAVATES

Dimensions : 35 x 35 cm

FOURNITURES

2 carrés de feutrine de 39 cm de côté ● 13 cravates ● Bourrage synthétique.

RÉALISATION

Poser les 2 rectangles de feutrine l'un sur l'autre. Piquer le tour à 2 cm des bords en laissant une ouverture au milieu d'un côté. Retourner. Remplir de bourrage. Fermer l'ouverture à la main.
Poser la pointe des cravates sur le dessus du coussin, en les faisant chevaucher pour couvrir toute la surface. Rabattre la longueur sur le dessous pour revenir sous la pointe, épingler. Couper l'excédent. Coudre à points glissés.

COUSSIN CHAUSSETTES

Dimensions : 45 x 45 cm

FOURNITURES

6 à 8 chaussettes « orphelines » ● 2 carrés de 47 cm de côté de cotonnade et 1 rectangle de 47 x 20 cm (rabat) ● Fil à coudre ● 1 coussin carré de 45 cm de côté.

RÉALISATION

Sur un des carrés (dessus), tracer une diagonale au fil à bâtir. Placer les chaussettes sur le carré, les unes à côté des autres, en posant les talons sur la diagonale et en les imbriquant. Combler les angles en y plaçant des talons ou des pointes. Coudre les chaussettes à points glissés. Couper l'excédent autour du tissu.
Ourler un bord de 47 cm du dessus et du rabat.
Poser le rabat endroit contre endroit des chaussettes, bord ourlé vers le centre. Poser par-dessus le carré restant, bord ourlé en haut du rabat. Piquer le tour. Retourner. Glisser le coussin à l'intérieur.

CAHIERS CINEMA
Jim Harrison
Nord-Michigan
10 18

FAUSSES REPRISES

FOURNITURES

Morceaux de torchons brodés de monogrammes • Assortiment de cotons à broder • Bourrage synthétique • Fil à coudre • Feutre effaçable à l'eau.

RÉALISATION

Délimiter autour des monogrammes un carré ou un rectangle qui correspondra au-dessus du coussin. Dessiner au feutre à tissu l'emplacement des fausses reprises. L'utilisation du feutre permet d'effacer et de recommencer jusqu'à ce que la composition soit satisfaisante.
Broder à point de reprise (dessus-dessous plus ou moins longs, plus ou moins serrés), uniquement dans un sens comme si le tissu ne présentait qu'une usure légère ou dans les deux sens comme s'il y avait réellement un trou. Jouer sur l'intensité des couleurs et l'épaisseur du fil.
Poser le dessus endroit contre endroit d'un autre morceau de torchon. Piquer le tour en laissant une ouverture au milieu d'un côté. Retourner. Remplir de bourrage. Fermer l'ouverture à la main.

SACS DE JUTE

COUSSIN PURE KONA COFFEE

Dimensions : 70 x 44 cm

FOURNITURES

1,10 m de soie beige en 0,90 m de large ● 1 motif récupéré sur un sac à café ● Fil à coudre assorti ● 1 coussin de 70 x 44 cm.

RÉALISATION

Pour le dessus du coussin, couper un rectangle de soie de 88 x 62 cm et pour le dessous un rectangle de 41 x 46 cm + un rectangle de 49 x 46 cm. Plier le dessus envers contre envers sur les lignes indiquées sur le schéma de manière à superposer les lignes A. Piquer sur A. Coucher les plis vers le milieu du coussin. Former de la même façon les plis B. Repasser vers le milieu.

Repasser vers l'envers un rentré de 1 cm tout autour du motif. Le piquer au milieu du dessus.

Piquer un double rentré de 1 cm sur une hauteur de chaque morceau du dessous. Les croiser endroit contre envers pour obtenir un rectangle de 72 x 46 cm. Piquer endroit contre endroit du dessus.

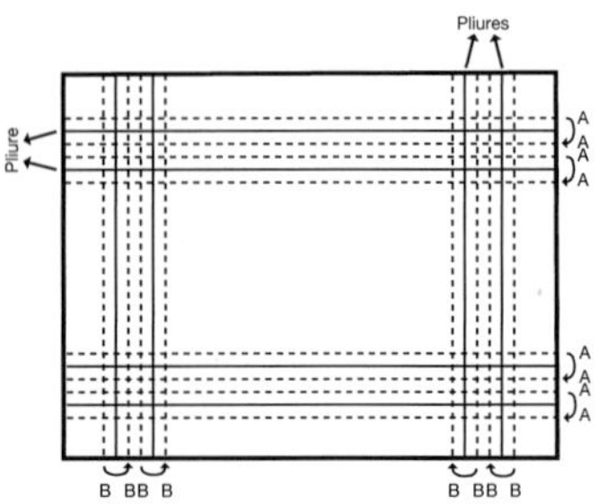

COUSSIN CAFÉ DO BRASIL

Dimensions : 58 x 44 cm

FOURNITURES

0,95 m de tissu damassé beige ● 1 motif de sac de café d'au moins 24 x 38 cm + larges coutures ● Fil assorti ● Quelques brins de raphia.

RÉALISATION

Pour le dessus, couper dans le damassé les quatre morceaux du tour en ajoutant 2 cm tout autour pour les coutures. Assembler ces 4 morceaux par des piqûres endroit contre endroit sur les biais. Ouvrir les coutures au fer puis repasser un rentré de 2 cm sur le bord intérieur. Épingler puis piquer envers contre endroit autour du motif.

Pour le dessous, couper 2 rectangles damassés de 48 x 40 cm. Piquer un double rentré de 1 cm sur un bord de 48 cm de chaque morceau. Les croiser endroit contre envers pour former un rectangle de 62 x 48 cm. Piquer endroit contre endroit du dessus. Retourner. Repasser. Souligner le montage du motif de grands points lancés de raphia.

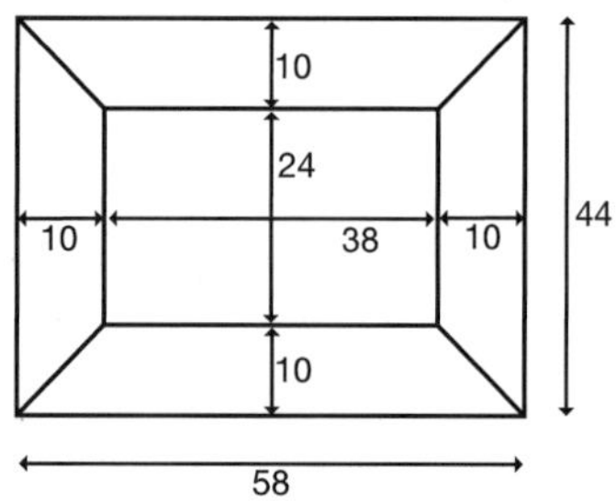

PURE KONA COFFEE
CAFÉ DO BRASIL

BOUDIN DE PORTE

Dimensions : 78 cm de long, 12 cm de diamètre

FOURNITURES

Morceaux de jeans à récupérer dans de vieux vêtements : morceaux plats, morceaux avec coutures, pattes de boutonnage, ourlets pour les extrémités... ● Morceaux de cotonnade solide à dominante bleue ● Fil à coudre pour coutures solides ● Bourrage synthétique.

RÉALISATION

Surfiler le tour de tous les morceaux. Les disposer les uns à côté des autres pour mettre au point la combinaison des coloris et des matières. Assembler les morceaux par des piqûres endroit contre endroit à 1 cm des bords. Coucher les rentrés de couture, ensemble du même côté. Il faut obtenir un rectangle de 46 x 80 cm. Plier endroit contre endroit pour piquer les bords de 80 cm l'un sur l'autre en laissant une ouverture au milieu. Pour les extrémités, découper dans les tissus (ou composer avec plusieurs morceaux) 2 cercles de 14 cm de diamètre.

Les piquer endroit contre endroit aux extrémités. Retourner.

Remplir de bourrage. Fermer l'ouverture à la main.

R/FLE

Broderie

TRIO FLEURI

Dimensions : 47 x 52 cm

FOURNITURES

POUR CHAQUE COUSSIN : 52 cm de toile vert foncé • 1 feuille de calque de 50 x 65 cm • 1 feuille de carbone blanc • 1 crayon à mine dure • 1 tambour à broder • 1 aiguille à broder • Fil à coudre • Fil à bâtir • Bourrage synthétique • Mouliné DMC : COUSSIN « CARRELAGE » (en bas) : 1 écheveau jaune 3823, 3 écheveaux safran foncé 725 et safran moyen 727 ; COUSSIN « ESCARGOTS » (au milieu) : 2 écheveaux orange 742, 3 écheveaux jaune 720 et 4 écheveaux orange 971 ; COUSSIN FRISE « FLEURS » (en haut) : 1 écheveau corail 351, corail clair 353 et carmin 498.

RÉALISATION

Tremper la toile dans l'eau pour la décatir. Laisser sécher. Repasser. Pour chaque coussin, couper 2 rectangles de 51 x 56 cm. Surfiler le tour d'un des morceaux qui sera le dessus puis le plier en quatre pour repérer le milieu. Décalquer les motifs puis à l'aide du carbone les reporter sur le tissu. Monter le tissu dans le tambour. Broder en suivant les indications de coloris sur les schémas : la frise carrelage au point de chaînette avec 3 brins du Mouliné, la frise escargots au point de tige avec 4 brins du Mouliné et la frise fleurs au point avant avec les 6 brins du Mouliné.

Repasser à la pattemouille sur l'envers en appuyant la broderie sur un molleton. Appliquer les 2 rectangles de chaque coussin endroit contre endroit. Piquer le tour à 2 cm des bords en laissant une ouverture de 15 cm au milieu d'un côté. Retourner. Remplir de bourrage. Fermer l'ouverture à la main.

(schémas pages 121)

TISSÉ, REVISITÉ

Dimensions : 75 x 75 cm

FOURNITURES

Chutes de tissu unis et imprimés • Laines Colbert DMC • Fils à coudre • 2 coussins de 75 cm de côté • Feutre à tissu.

RÉALISATION

Pour les 2 coussins, sélectionner des cotonnades grand teint assez épaisses ou des tissus d'ameublement. Si les cotonnades sont trop légères, les renforcer en appliquant sur l'envers de la toile thermocollante avant de broder.

COUSSIN ARRIÈRE-PLAN

Pour chaque face de la housse, couper 25 carrés de 17 cm de côté. Les piquer endroit contre à 1 cm des bords par bandes de 5. Ouvrir les coutures au fer puis assembler les 5 bandes. Ouvrir les coutures.
Broder au point avant : les carrés imprimés en reprenant les motifs pour les remplir ou les souligner, les carrés unis en les garnissant de cœurs, cercles, carrés, lignes... préalablement dessinés au feutre à tissu.

COUSSIN PREMIER PLAN

Il est confectionné comme l'autre mais en assemblant des morceaux carrés et rectangulaires pour obtenir 2 carrés de 77 cm de côté.
Poser les 2 faces de chaque housse endroit contre endroit. Piquer le tour à 1 cm des bords en laissant une ouverture au milieu d'un côté. Retourner. Glisser le coussin dans la housse. Fermer à la main.

RECTO VERSO

Dimensions : 40 x 40 cm

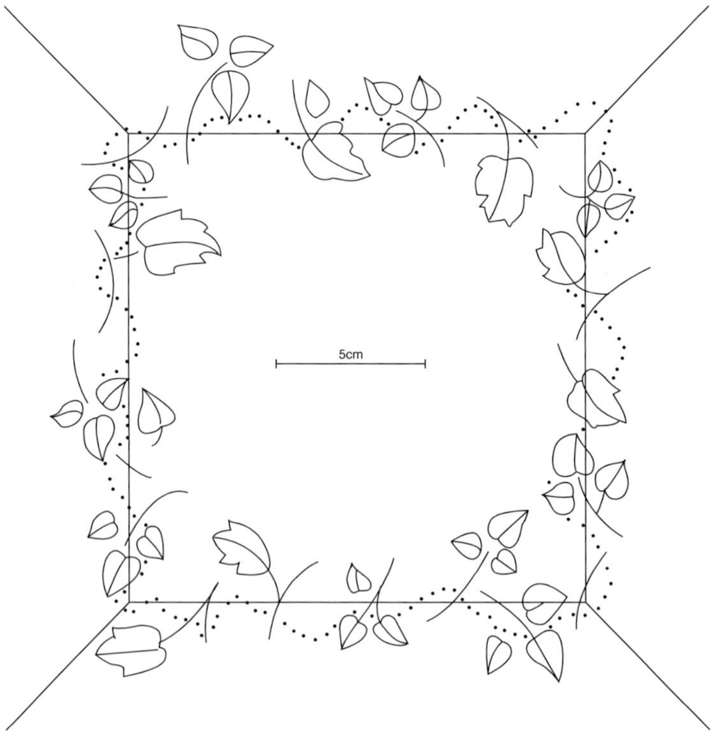

FOURNITURES

0,50 m de toile à matelas en 1,50 m de large • 1,60 m de passepoil gris • Mouliné DMC : 2 éch. col. 600, 1 éch. col. 603 • Fil à coudre • Papier calque et carbone à tissu.

RÉALISATION

Dessus : pour le tour du coussin couper 4 bandes de 15 x 43 cm. Les coutures de 1,5 cm sont comprises. Pour le centre, couper un carré de 43 cm de côté. Utiliser le côté foncé des bandes comme endroit, le côté clair du carré comme endroit. Poser 2 bandes l'une sur l'autre, endroit contre endroit. Piquer une extrémité en plein biais. Couper l'excédent. Assembler ainsi les 4 bandes l'une au bout de l'autre pour former un cadre. Repasser un rentré de 1,5 cm au centre du cadre. Poser sur le carré. Bâtir.

Reproduire le motif à grandeur. Le décalquer puis le reporter à cheval sur le tour et le centre. Broder les feuilles au passé plat, les tiges au point de tige avec 3 brins coloris 600, broder la guirlande au point de nœud avec 3 brins coloris 603. Veiller à piquer dans toutes les épaisseurs de tissus, la broderie maintiendra cadre et centre ensemble.

Piquer le passepoil autour du dessus.

Préparer le dessous du coussin : couper 1 rectangle de 43 x 20 cm et 1 rectangle de 43 x 37 cm. Utiliser le côté foncé comme endroit. Plier puis piquer un rentré de 0,5 puis de 1 cm sur un bord de 43 cm de chaque morceau. Poser les 2 morceaux endroit contre envers pour former un carré de 43 cm. Poser dessus et dessous endroit contre endroit. Piquer le tour dans la couture du passepoil. Retourner. Repasser.

BRODÉ ET BICOLORE

MOTIF CARRÉ

Dimensions : 35,5 x 35,5 cm

FOURNITURES

Feutrine vert absinthe : 2 carrés de 35,5 cm de côté et 1 carré de 11 cm de côté • Feutrine bleue : 1 carré de 23 cm de côté et 1 carré de 3,5 cm de côté • Bourrage synthétique • Mouliné DMC : bleu ciel 828, vert 3012, violet 327 • 1 fermeture à glissière verte de 24 cm • Fil à coudre bleu et vert.

RÉALISATION

Poser la glissière au milieu d'un grand carré vert, dents vers le tissu. Piquer le tour. Retourner le tissu pour découper la feutrine au centre de la piqûre et laisser apparaître la glissière.

Broder le tour des autres carrés, à 1 cm des bords avec 3 brins du Mouliné, en suivant le schéma : bleu sur les carrés verts, vert sur le grand carré bleu, violet sur le petit carré bleu (voir photo).

Piquer le petit carré bleu au centre du carré vert de 11 cm, le carré vert au centre du carré bleu de 23 cm, le carré bleu au centre du grand carré vert. Poser les 2 carrés verts envers contre envers. Piquer le tour. Ouvrir la glissière. Remplir de bourrage.

MOTIF ROND

Dimensions : 35,5 x 35,5 cm

FOURNITURES

Feutrine bleue : 2 carrés de 35,5 cm de côté • Feutrine vert absinthe : 1 cercle de 21 cm et 1 cercle de 5 cm de diamètre • 1 fermeture à glissière verte de 24 cm • Fil à coudre bleu ciel et vert absinthe • Mouliné DMC bleu ciel 828, vert 3012, violet 327.

RÉALISATION

Poser la glissière au milieu d'un grand carré bleu, dents vers le tissu. Piquer le tour. Retourner le tissu pour découper la feutrine au centre de la piqûre et laisser apparaître la glissière.

Broder le tour de l'autre carré bleu à grands points avant, une rangée vert à 1 cm du bord, une rangée violet à 1 cm de la rangée vert. Broder le tour du cercle vert de la même façon, en bleu puis le tour du petit cercle d'un tour violet puis d'un tour bleu.

Piquer le petit cercle au centre du grand puis piquer l'ensemble au centre du carré. Broder un tour de points violet, sur le carré, autour du cercle vert.

Poser les 2 carrés bleus, envers contre envers. Piquer le tour. Ouvrir la glissière. Remplir de bourrage.

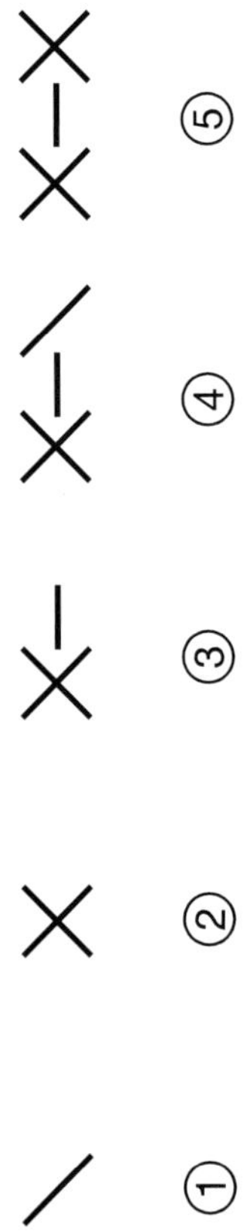

DE CONCERT

Dimensions du motif : 30 x 60 cm

FOURNITURES

2 rectangles de toile de lin de 35 x 65 cm ● Papier calque ● Crayon transfert ● Coton perlé n° 5 de DMC, 1 écheveau de chacun des coloris suivants : 413, 310, 309, 712, 792, 996, 517, 317, 311, 307, 725, 729, 742, 435, 420, 610, 801, 472, 907, 470, 988 ● 1 aiguille à broder ● Bourrage synthétique.

RÉALISATION

Décalquer le motif à grandeur. Le redessiner sur l'envers au crayon transfert. Poser le calque au centre d'un rectangle de tissu et repasser à fer très chaud pour imprimer les motifs sur le tissu. Broder au passé plat, passé empiétant et point de piqûre pour les pattes en suivant les indications de coloris sur le schéma.

Repasser à la pattemouille, sur l'envers, en appuyant la broderie sur un molleton.

Poser les 2 rectangles de toile endroit contre endroit. Piquer le tour

(suite page 123)

BLEU BRILLANT

Dimensions du motif : 30 x 34 cm

FOURNITURES

2 carrés de jeans de 45 cm de côté • Fil à coudre • 1 coussin carré de 40 cm de côté • 9 écheveaux de coton perlé métallisé DMC n° 5 coloris 5283 • Papier calque • 33 x 38 cm de tirefils.

RÉALISATION

Poser le tirefils sur le motif agrandi. Le décalquer, par transparence, au feutre indélébile. Bâtir sur un carré de jeans.

Broder tous les motifs au point lancé, passé plat ou passé empiétant. Enlever le tirefils.

Repasser sur l'envers en appuyant la broderie sur un molleton.

Poser les 2 carrés de tissu endroit contre endroit. Piquer le tour à 2,5 cm des bords en laissant une ouverture au milieu d'un côté.

Retourner. Repasser. Glisser le coussin dans la housse. Fermer l'ouverture à la main.

JOLI CŒUR

Dimensions : 40 x 40 cm

FOURNITURES

Toile Aïda rouge 321 de DMC, 7 points au cm : 1 carré de 44 cm de côté (dessus) et 2 rectangles de 44 x 28 cm (dessous) • 1 aiguille à bout rond n° 24 • Tambour à broder • Mouliné DMC, 1 écheveau de chacun des coloris suivants : 420, 729, 3821, 3822, 3078, 498, 321, 3801, 3865 et 869 • 1 coussin carré de 40 cm de côté.

RÉALISATION

Ourler un bord de 44 cm de chaque rectangle du dessous. Surfiler les autres bords de tous les morceaux.

Plier le dessus en quatre pour en repérer le milieu, repérer le milieu de la grille puis broder en suivant la grille, au point de croix avec 2 brins du Mouliné, du centre vers l'extérieur. Souligner les motifs au point de piqûre, également avec 2 brins du Mouliné.

Repasser à la vapeur, sur l'envers, en appuyant la broderie sur un molleton.

Croiser les rectangles du dessous envers contre endroit pour former un carré de 44 cm de côté. Poser dessus et dessous endroit contre endroit. Piquer le tour à 2 cm des bords. Retourner. Glisser le coussin dans la housse.

(schéma page 124)

DANS LA SAVANE

Dimensions du motif : 17 x 33 cm, du coussin : 40 x 30 cm

FOURNITURES

Toile de lin naturel : 1 rectangle de 42 x 32 cm (dessus), 2 rectangles de 42 x 27 cm (dessous) ● Un crayon transfert ● Papier calque ● Tambour à broder ● Aiguille à broder n° 8, DMC, bout pointu ● Mouliné DMC : 1 échevette blanc, paille 676, miel 729, moutarde 834, gris 646, ardoise claire 926, ardoise 3768 ; 2 échevettes vert clair 3348, vert foncé 3347 ; 3 échevettes marron 3781.

POINTS EMPLOYÉS

Point de sable avec 3 brins, passé plat, passé empiétant et point lancé avec 2 brins.

RÉALISATION

Surfiler le tour du dessus pour éviter qu'il s'effiloche. Décalquer les motifs agrandis. Les redessiner sur l'envers au crayon transfert. Poser le calque au centre du dessus. Repasser à fer très chaud pour imprimer les motifs. Monter le tissu dans le tambour. Broder en suivant les indications de points et de coloris sur le schéma.

Piquer un double rentré de 1 cm sur un bord de 42 cm de chaque morceau du dessous. Les croiser envers contre endroit pour former un rectangle de 42 x 32 cm. Poser dessus et dessous endroit contre endroit. Piquer le tour à 1 cm. Retourner la housse et la repasser.

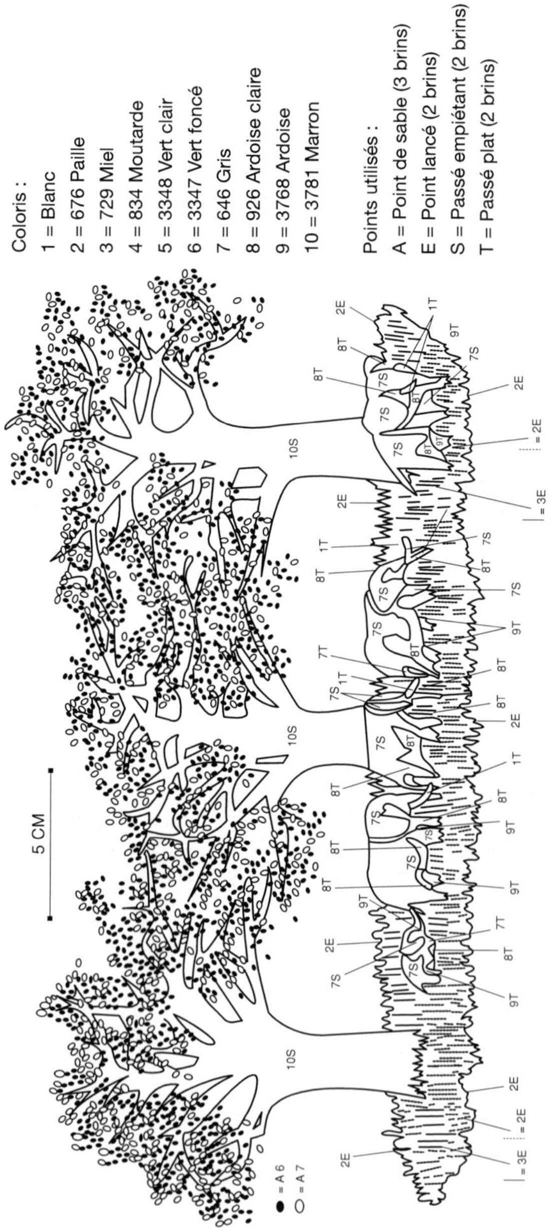

C'EST LE POMPON

COUSSIN BRODÉ

Dimensions : 40 x 40 cm

FOURNITURES

45 x 90 cm de toile métis gris pâle ● Papier calque ● Carbone spécial broderie ● Crayon à mine dure ● Tambour à broder ● Aiguille à broder DMC, bout pointu, n° 7 ● Aiguille à coudre ● Fil à coudre assorti au tissu ● Mouliné DMC : 2 écheveaux prune 315 et rose ancien 3350 ● 1 coussin carré de 40 cm de côté.

RÉALISATION

Couper 2 carrés de toile grise de 45 cm de côté. Sur un des morceaux tracer un carré intérieur à 2,5 cm des bords = lignes de couture. Décalquer le motif puis à l'aide du carbone le reporter dans un angle du carré intérieur. Monter le tissu bien tendu dans le tambour après avoir recouvert le bois de papier de soie pour ne pas abîmer le tissu. Broder avec 2 brins : 1 brin 315 + 1 brin 3350 : les franges des pompons au point de tige, la cordelière et les glands au passé plat dans le sens indiqué par les flèches. Repasser à la pattemouille sur l'envers en appuyant la broderie sur un molleton.

Appliquer les 2 carrés de toile endroit contre endroit. Piquer le tour à 2,5 cm des bords en laissant une ouverture au milieu d'un côté. Retourner. Glisser le coussin dans la housse. Fermer l'ouverture à la main.

COUSSIN GRIS ET ROUGE

Dimensions : 40 x 40 cm

FOURNITURES

0,50 m de toile framboise en 1,40 m de large ● 0,50 m de toile de lin grise en 1 m de large ● Fil à coudre framboise et gris ● 4 pompons glands avec cordelière ● 1 coussin de 40 cm de côté.

RÉALISATION

Pour le coussin intérieur couper 2 rectangles framboise de 42 x 22 cm et 1 carré de 42 cm de côté. Épingler les 2 rectangles endroit contre endroit. Piquer à 1 cm du bord sur 7 cm de chaque côté d'un bord de 42 cm. Repasser la couture ouverte en prolongeant le repassage le long de l'ouverture. Poser le carré obtenu endroit contre endroit du carré restant. Piquer le tour à 1 cm des bords. Retourner. Glisser le coussin à l'intérieur de cette housse. Fermer l'ouverture à la main.

Pour la housse extérieure, couper 2 rectangles gris de 42 x 42,5 cm. Plier au fer, sur un bord de 42 cm de chaque morceau, un rentré de 0,5 cm puis de 1 cm pour obtenir 2 rectangles de 42 x 41 cm. Piquer puis broder une boutonnière à 11 cm de chaque extrémité de ces ourlets.

Appliquer ces 2 rectangles endroit contre endroit. Piquer 3 côtés à 1 cm des bords. Retourner. Glisser le coussin framboise à l'intérieur. Passer les cordons des glands dans les boutonnières pour fermer la housse en les nouant.

(suite page 125)

(suite de la page 6)

contre endroit. Piquer la longueur. Retourner. Couper 6 morceaux de 6 cm. Les plier pour former une boucle. Épingler 3 boucles sur un bord non ourlé, une au milieu, les deux autres espacées de 9 cm. Piquer la bande de bordure endroit contre endroit autour de l'ouverture. La rabattre vers l'intérieur de la housse. Plier un rentré et coudre à la main.

Poser les deux morceaux de soie du dessus endroit contre endroit. Glisser 3 boucles entre les deux épaisseurs en alignant les bords du tissu et les extrémités des boucles. Piquer. Ouvrir le travail puis le plier envers contre envers sur la ligne de piqûre. Piquer à 2 cm de la pliure pour former un pli religieuse. Le coucher vers le plus grand côté. Poser dessus et dessous de soie endroit contre endroit. Piquer sur 3 côtés en laissant celui opposé au pli ouvert. Retourner. Ourler le bord ouvert. Glisser le coussin dans la housse de soie puis l'ensemble dans la housse de velours. Maintenir en laçant le reste du lien. Fixer les 2 housses l'une sur l'autre par quelques points sur l'autre face.

COUSSIN NOUÉ

Piquer les rectangles de soie endroit contre endroit, de part et d'autre de la bande de velours = 38 x 93 cm. Plier endroit contre endroit pour obtenir un rectangle de 46,5 cm de long. Fermer le haut et le bas. Ourler le bord ouvert. Piquer les 2 rectangles de soie l'un sur l'autre, endroit contre endroit, en laissant une ouverture au milieu d'un côté. Retourner. Glisser le coussin à l'intérieur. Fermer à la main.

Plier les deux bandes endroit contre endroit. Piquer une extrémité et la longueur. Retourner. Coudre un lien au milieu de chaque bord ouvert. Glisser le coussin à l'intérieur. Fermer en nouant.

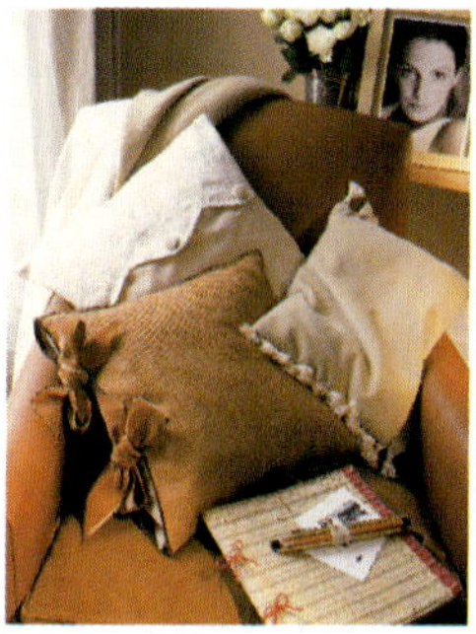

(suite de la page 18)

RÉALISATION

Pour le coussin, couper un rectangle de velours de 30 x 80 cm. Plier endroit contre endroit. Piquer le tour à 1 cm des bords en laissant une ouverture au milieu d'un côté. Retourner. Remplir de bourrage. Fermer l'ouverture à la main. Pour la housse, couper 2 rectangles de lin de 30 x 42 cm. La couture d'assemblage se fera à 1 cm des bords. Épingler le ruban étroit sur 1 bord de 30 cm et sur les 2 bords de 42 cm de manière à ne laisser dépasser que quelques millimètres vers le milieu. Poser les 2 morceaux endroit contre endroit. Piquer les bords garnis de ruban. Piquer un double rentré de 1 cm pour ourler l'ouverture. Retourner puis piquer le reste du ruban étroit à l'intérieur de l'ouverture en ne laissant dépasser que quelques millimètres. Couper le ruban large en quatre et coudre à l'intérieur de la housse pour la fermer en les nouant.

(suite de la page 22)

ÉCHANTILLON

Un carré 10 cm en damiers, aig. n° 8 = 12,5 m. et 21 rgs

RÉALISATION

Pour le dessus ou le dessous, monter 50 m. Trav. en damiers pendant 40 cm et rab. Coudre un bouton dans chaque angle des damiers d'une face = dessus. Poser dessus et dessous envers contre envers. Coudre 3 côtés. Glisser le coussin dans la housse de tricot. Fermer le 4e côté. Coudre les boutons restant sur les angles des damiers du tour.

COUSSIN JERSEY ET POINT MOUSSE

Dimensions : 50 x 50 cm

FOURNITURES

270 g col. Burel • 12 boutons façon corne de buffle marron : 4 de 18 mm, 4 de 30 mm, 4 de 50 mm • 1 coussin carré de 50 cm de côté.

POINTS EMPLOYÉS

Point mousse : tric. toujours à l'end.
Jersey end. : * 1 rg end., 1 rg env. *

ÉCHANTILLON

Un carré 10 cm jersey end., aig. n° 8 = 13 m. et 18 rgs

RÉALISATION

Pour le dessus ou le dessous, monter 65 m. Tric. au point mousse. À 12 cm de haut. tot., cont. ainsi : 13 m. point mousse, 39 m. jersey end., 13 m. point mousse. À 38 cm de haut. tot., reprendre le trav. au point mousse sur toutes les m. Rab. à 50 cm de haut. tot. Sur une des faces, coudre les 4 gros boutons dans les angles du jersey, les moyens en diagonale à mi.haut du point mousse puis les derniers dans les angles extérieurs du point mousse. Term. comme précédemment.

COUSSIN À TORSADES

Dimensions : 70 x 70 cm

FOURNITURES

500 g col. Bizet • 1 coussin carré de 70 cm de côté.

POINTS EMPLOYÉS

Torsades, 1er rg et rgs impairs sauf 11e, 19e, 29e et 37e rgs : * 3 m. env., 6 m. end., 3 m. env., 6 m. end. *
2e rg et ts les rgs pairs : tric. les m. comme elles se présentent
11e et 19e rgs : * 3 m. env., mettre 3 m. en attente sur une aig. à torsade placée derrière, tric. à l'end. les 3 m. suiv. puis les 3 m. en attente, 3 m. env., 6 m. end. *
29e et 37e rgs : * 3 m. env., 6 m. end., 3 m. env., mettre 3 m. en attente sur une aig. à torsade placée derrière, tric. à l'end. les 3 m. suiv. puis les 3 m. en attente *
Reprendre au 3e rg.

ÉCHANTILLON

Un carré 10 cm en torsades, aig. n° 8 = 15 m. et 18 rgs

RÉALISATION

Pour le dessus ou le dessous, monter 102 m. Tric. en torsades. Rab. à 70 cm de haut. tot. Term. comme précédemment.

COUSSIN À FRANGES

Dimensions : 45 x 45 cm

FOURNITURES

220 g col. Pyrénées • 10 g Écru • 10 g. Bizet • 1 coussin carré de 45 cm de côté.

POINTS EMPLOYÉS

Jersey end. : * 1 rg end., 1 rg env. *

ÉCHANTILLON

Un carré 10 cm en jersey, aig. n° 8 = 13,5 m. et 18 rgs

RÉALISATION

Pour le dessus ou le dessous, monter 60 m. Tric. 45 cm de jersey end. et rab. Sur un des morceaux garnir les 15 m. centrales de franges Écru et Bizet de 10 cm : les plier en deux, puis à l'aide d'un crochet les nouer autour des m. en mélangeant les col. Term. comme précédemment.

Cahier d'explications

(suite de la page 24)

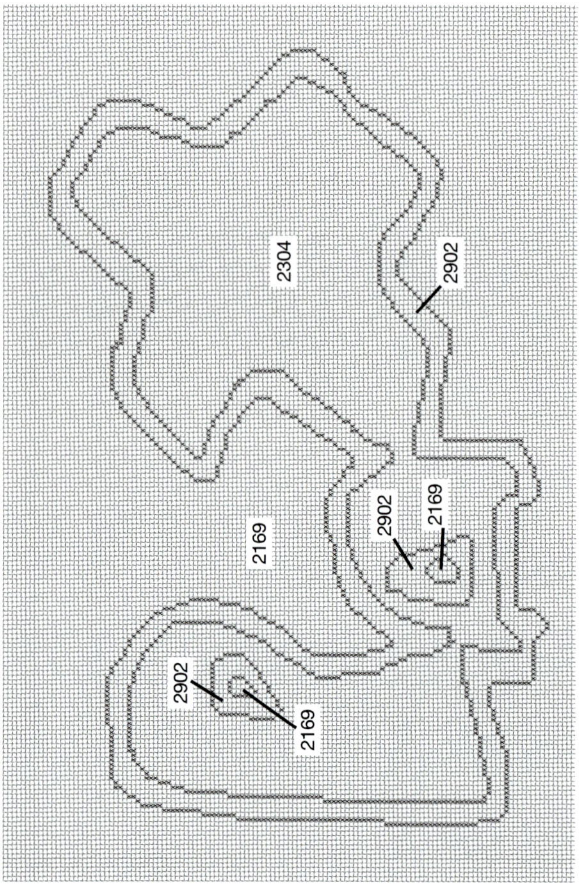

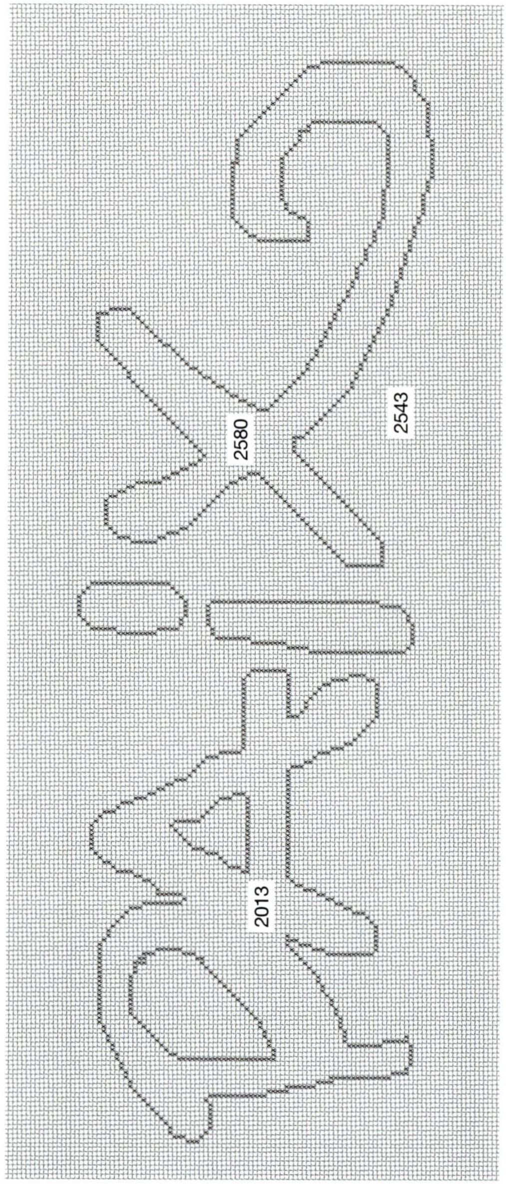

(suite de la page 26)

POINTS EMPLOYÉS

Jersey endroit : * 1 rg end., 1 rg env. *. Jersey endroit jacquard : suivre les grilles en prenant soin de bien croiser les fils aux changements de col.

ÉCHANTILLON

Un carré 10 cm jersey end., aig. n° 3,5 = 25 m. et 32 rgs.

RÉALISATION A

Monter 102 m. Chaudron. Tric. en jersey end. : * 13 rgs Chaudron, 13 rgs Grenadine * 2 fs, 8 rgs Nevada, 13 rgs grille A, 8 rgs Nevada, * 13 rgs Grenadine, 13 rgs Chaudron * 2 fs. Rab. tric. une seconde face semblable.

Broder le cœur des fleurs d'un point de croix en fil double en alternant les coloris. Piquer les 2 faces endroit contre endroit en laissant une ouverture. Retourner. Remplir de bourrage. Fermer l'ouverture. Coudre les rubans en suivant le schéma.

RÉALISATION B

Chaque face est composée de 7 morceaux.

2 morceaux (1 et 2) : monter 22 m. Chaudron et à la suite 22 m. Garance. Tric. 16 rgs de jersey end. et rab.

1 bande 2/1 : monter 61 m. Nevada. Tric. en jersey end. : 4 rgs Nevada, 38 rgs jacquard A, 6 rgs Nevada, 8 rgs Chaudron et rab.

1 bande 2/2 : monter 61 m. Chaudron . Tric. en jersey end. : 4 rgs Chaudron, 38 rgs jacquard A, 6 rgs Chaudron, 8 rgs Nevada et rab.

1 bande 3/1 : monter 22 m. Chaudron, à la suite 22 m. Garance. * tric. en jersey end. pendant 16 rgs puis remplacer Chaudron par Garance puis Garance par Mûre pendant 16 rgs. Reprendre 2 autres fs à * et rab.

1 bande 3/2 : monter 22 m. Mûre, à la suite 22 m. Garance. Tric. en jersey end. pendant 16 rgs puis remplacer Mûre par Garance et Garance par Chaudron pendant 16 rgs. Reprendre à * 2 autres fs et rab.

1 bande 4 : monter 154 m. Chaudron. Tric. en jersey end. : 8 rgs chaudron, 13 rgs jacquard B, 8 rgs Chaudron et rab.

Tric. une 2e face semblable.

Broder le cœur des fleurs d'un point de croix en fil double en alternant les coloris. Assembler les 7 morceaux de chaque face en suivant le schéma. Piquer les 2 faces endroit contre endroit en laissant une ouverture au milieu d'un côté. Retourner. Remplir de bourrage. Fermer l'ouverture. Coudre les rubans en suivant le schéma.

RÉALISATION C

Chaque face est composée de 3 morceaux.

Morceau central : monter 93 m. Nevada. Tric. en jersey end. pendant 8 rgs. Sur les 81 m. centrales tric. ensuite les 13 rgs de la grille A (les 6 m. des côtés sont toujours en jersey end. Nevada) puis reprendre le jersey end. Nevada sur toutes les m. pendant 8 rgs. Rab. 19 m. à chaque extrémité. Continuer sur les 55 m. restantes pendant 70 rgs en suivant le schéma B.

Ajouter 19 m. à chaque extrémité et faire le même travail qu'au début. Rab.

Bandes des côtés (x 2) : monter 65 m. Nevada. Tric. en jersey end. : 8 rgs puis les 13 rgs de la grille A, 8 rgs Nevada et rab. Tricoter une seconde face semblable. Broder le cœur des fleurs d'un point de croix en fil double en alternant les coloris. Assembler les 3 morceaux de chaque face. Piquer les 2 faces endroit contre endroit en laissant une ouverture au milieu d'un côté. Retourner. Remplir de bourrage. Fermer l'ouverture. Coudre les rubans en suivant le schéma.

suite page suivante →

➜

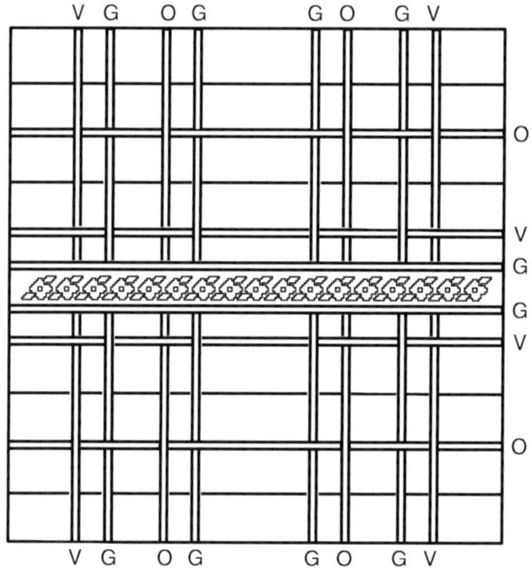

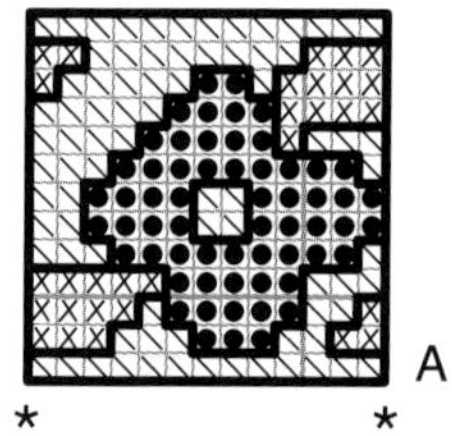

- ☒ MÛRE
- ⍂ CHAUDRON
- ● GRENADINE
- ⊟ VERMILLON
- ⊡ GARANCE

COUSSIN B

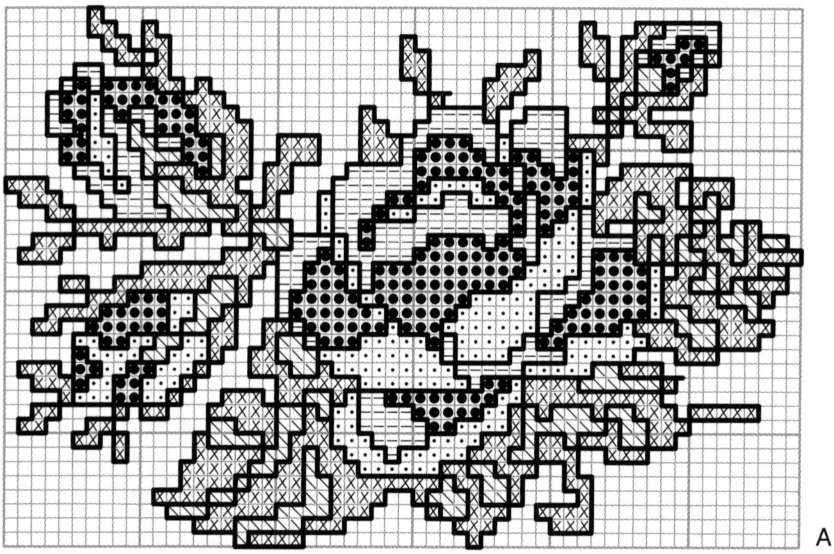

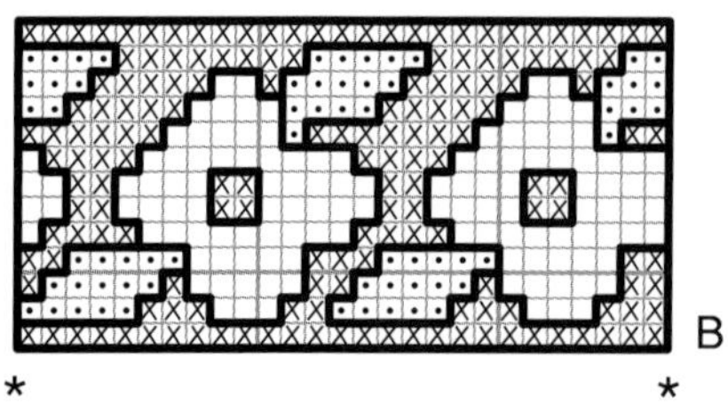

- ☒ MÛRE
- ⍂ CHAUDRON
- ● GRENADINE
- ⊟ VERMILLON
- ⊡ GARANCE

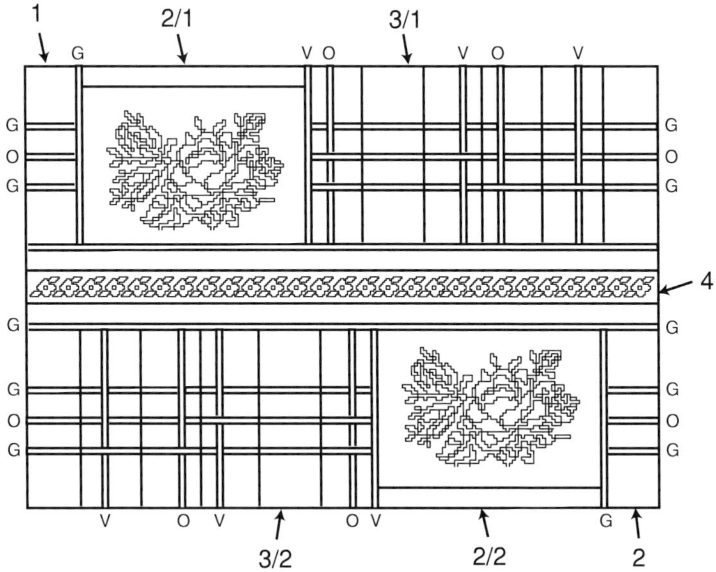

COUSSIN C

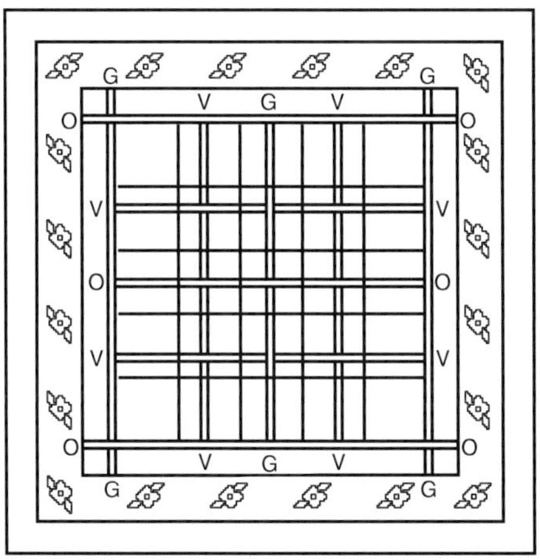

CENTRE DU COUSSIN

G	G	G	G	G
O	M	O	M	O
V	C	V	C	V
O	M	O	M	O
G	C	G	C	G

14 RGS

11M

B

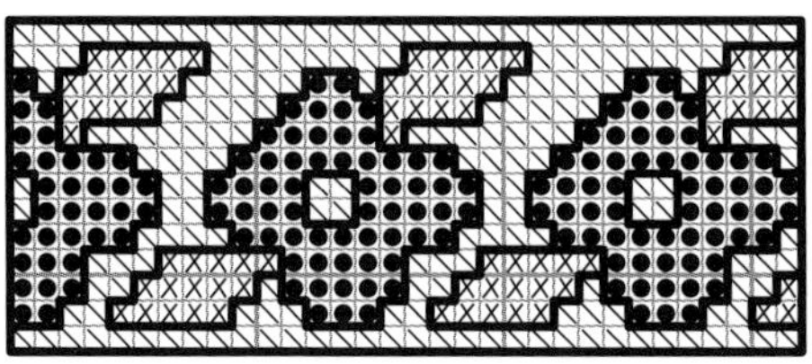

A

*　　　*

- ☒ MÛRE
- ⧅ CHAUDRON
- ● GRENADINE
- ⊟ VERMILLON
- ⊡ GARANCE

Cahier d'explications

(suite de la page 30)

⬚	2446
X	2148
○	2932
•	2209
=	2933
⊞	2574
–	2926
▪▪	2309
Z	2209
+	2128
⁄⁄	2117
♡	2120
I	2229
☆	2532
✳	2396
▲	2926
∃	2117
□	2118
⁂	2719
▬	2128

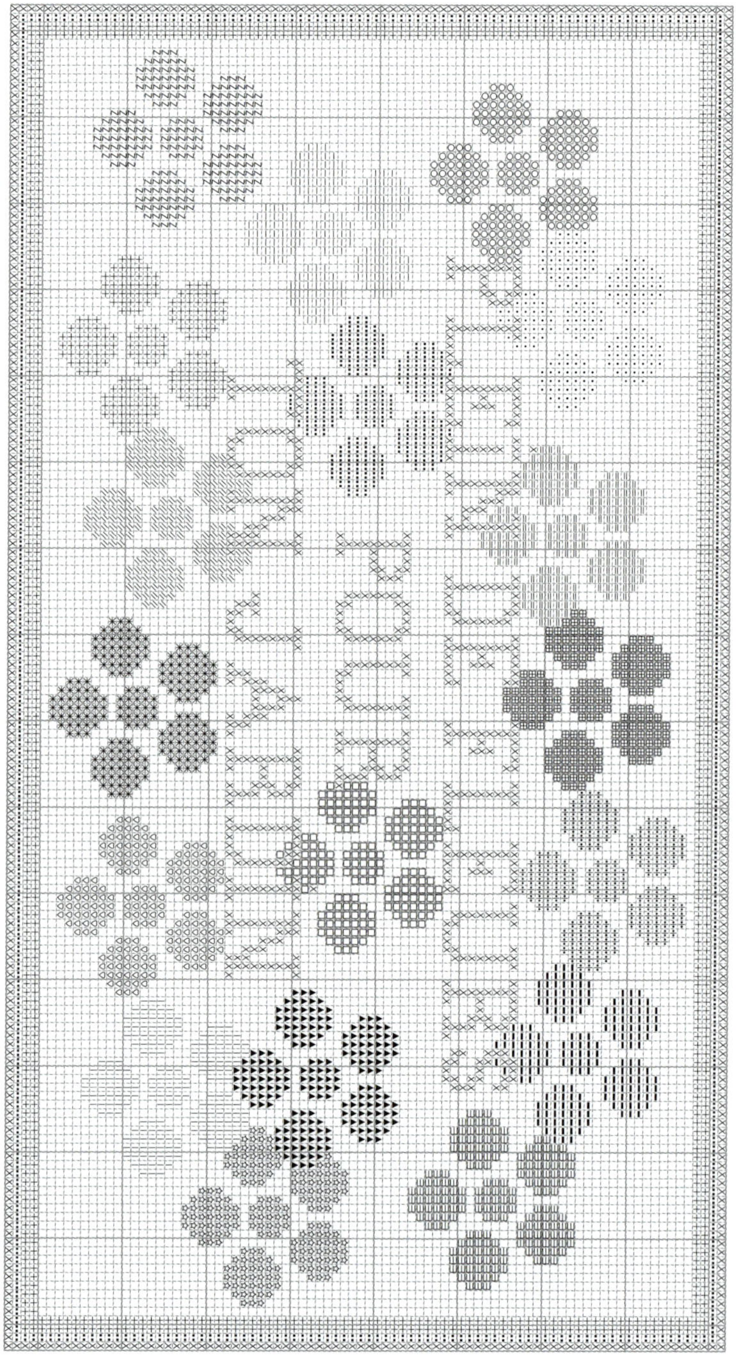

X 2227
• 2442
– 2114

suite page suivante ➜

Cahier d'explications

➜

×	2885
◤	2715
♥	2142
∃	2718
♡	2118
⁄⁄	2574
⇖	2369
→	2753
↑	2815
⊠	2916
▪▪	2743
⊐	2495
⌶	2495
▼	2948
▲	2128
⊓	2926
✳	2446
◆	2611
●	2108
▮▮	2231

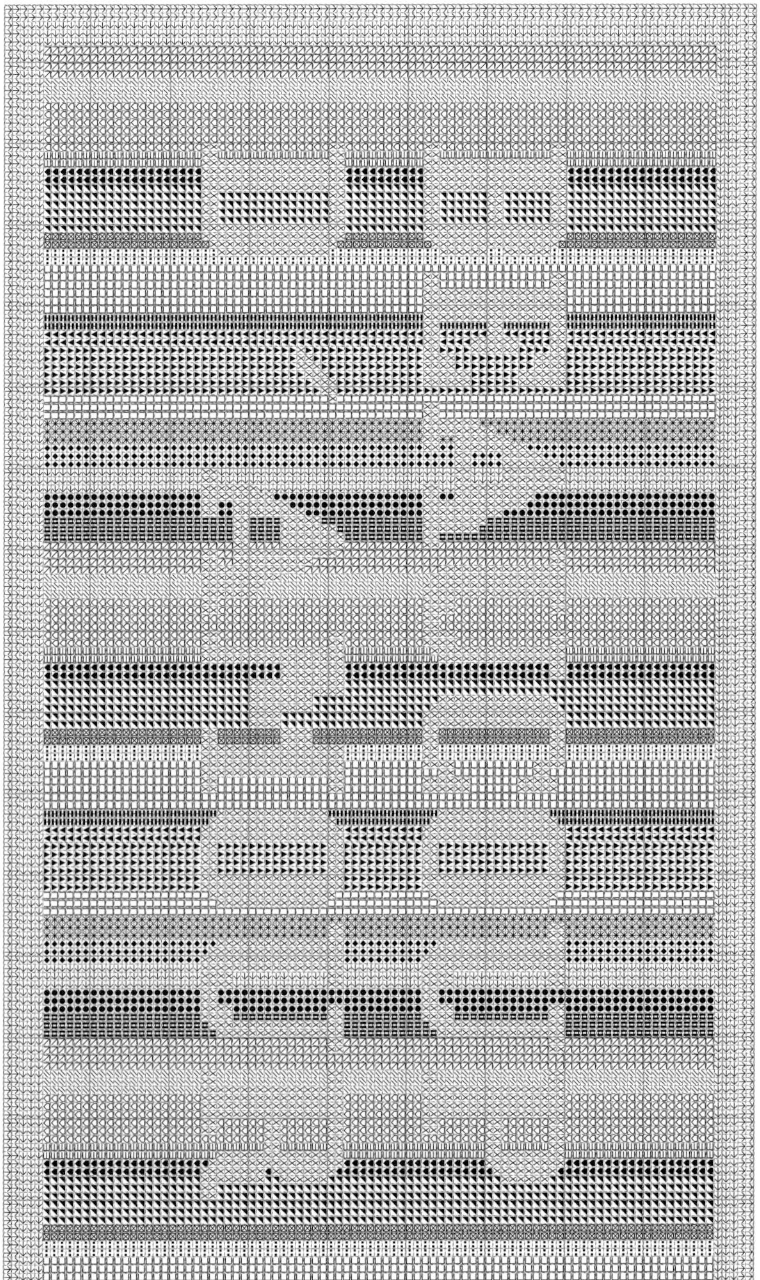

(suite de la page 32)

endroits marqués d'une croix. Découper soigneusement. Chauffer le four à 150°. Disposer les insectes sur la plaque de cuisson recouverte de papier d'aluminium pour qu'ils ne collent pas et cuire 1 à 3 min. La cuisson est terminée quand les sujets ne bougent plus et sont redevenus plats. Les sortir du four avec des gants et laisser refroidir sous un poids pour qu'ils restent bien plats.
Pour le dessus du coussin, couper dans la toile de lin un rectangle de 52 x 34 cm. Surfiler les bords. Reporter le nom des insectes en place. Broder au point de tige avec 2 brins du Mouliné.
Pour doubler le dessus, couper dans la cotonnade, un rectangle de 52 x 34 cm. Superposer lin et cotonnade endroit contre endroit. Piquer les 2 hauteurs à 1 cm des bords. Retourner, surfiler le haut et le bas. Coudre les boutons en place.
Pour le dessous du coussin et les rabats, couper un rectangle de toile de lin de 72 x 34 cm. Rabattre 11 cm envers contre envers à chaque extrémité. Marquer l'emplacement de 3 boutonnières verticales de 3 cm de haut, sur les rabats, à 4 cm de la pliure : la 1re à 6,5 cm du haut, les suivantes espacées de 6,5 cm. Piquer un ourlet de 1 cm sur chaque hauteur. Broder les boutonnières avec le fil écru.

Replier les rabats endroit contre endroit. Poser le dessus endroit contre endroit du dessous. Piquer le haut et le bas à 1 cm. Retourner. Repasser. Glisser un coussin à l'intérieur. Boutonner.

libellule *bourdon*

scarabée *papillon de jour*

papillon de nuit *abeille*

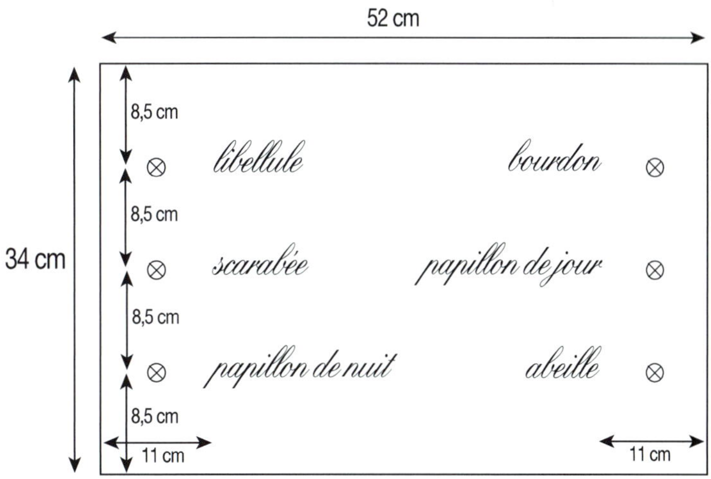

suite page suivante →

5 CM

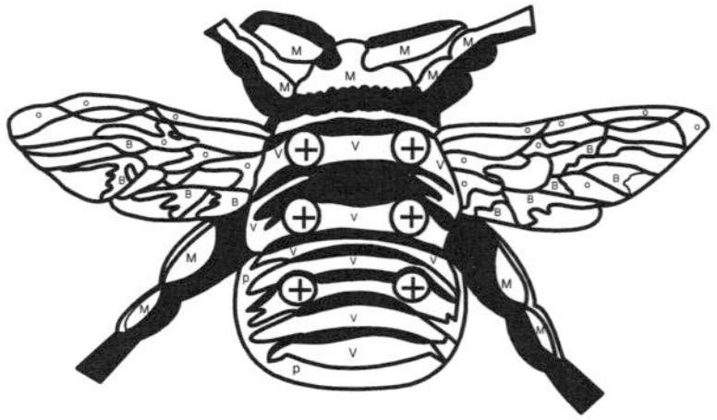

— ■ : NOIR (SURFACES ET TRAITS)
R : ROUILLE
V : VIOLET CLAIR
O : OCRE
P : ROSE
B : BLANC

— ■ : NOIR (SURFACES ET TRAITS)
J : JAUNE
R : ROUGE
B : BLEU OUTREMER
G : GRIS

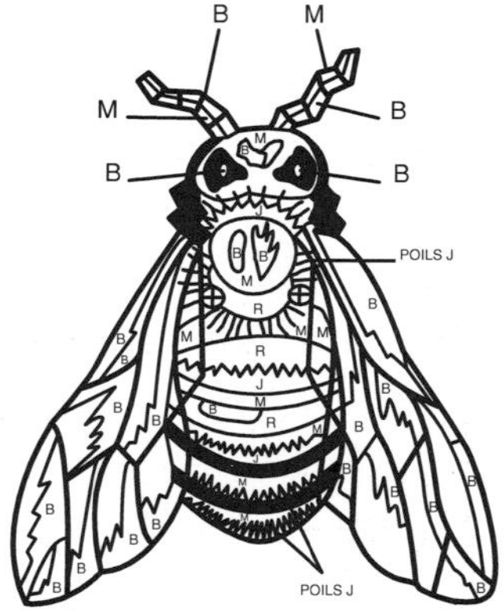

— ■ : NOIR (SURFACES ET TRAITS)
J : JAUNE (POILS)
B : BLANC (REFLETS)
M : MARRON FONCÉ

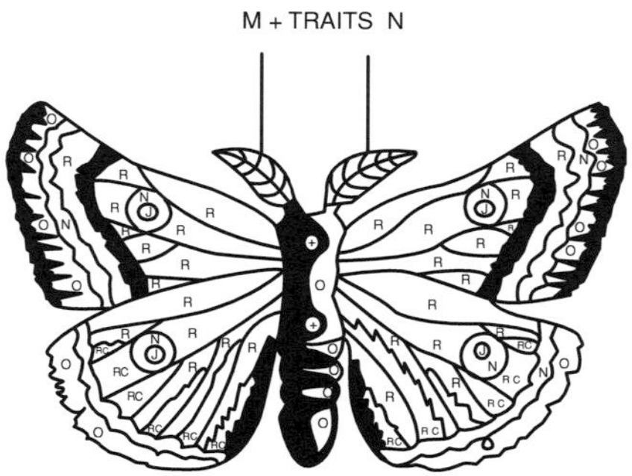

— ■ : MARRON (SURFACES ET TRAITS)
N : NOIR
R : ROSE
RC : ROSE CLAIR
O : OCRE
J : JAUNE

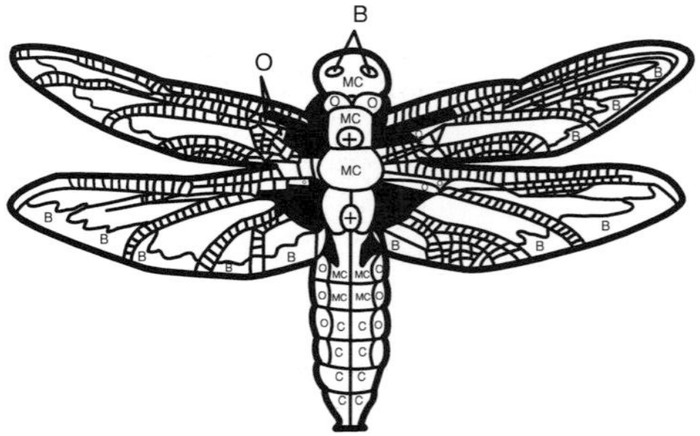

— ■ : MARRON FONCÉ (SURFACES ET TRAITS)
MC : MARRON CLAIR
O : ORANGE
B : BLANC
C : CIEL

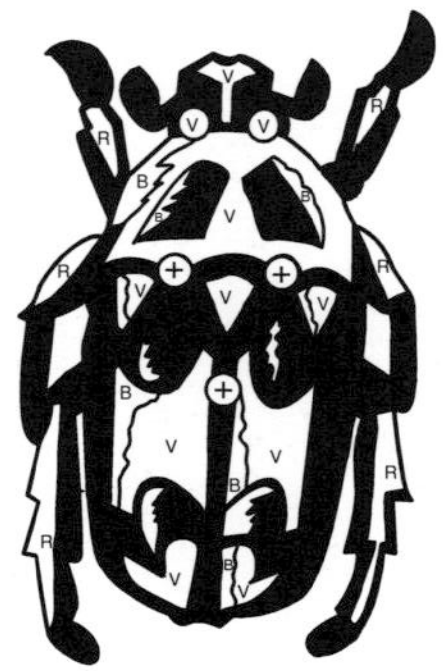

— ■ : NOIR
R : ROUILLE
B : BLANC (REFLETS)
V : VERT

➜

(suite de la page 34)

■	7624
◢	3023
6	3045
T	7444
⊠	7521
⊟	7919
▼	3072
◇	7513
●	7417
◁	7413
✳	7725
⊐	7726
∷	7505
⊐	7474
≡	7780
○	BLANC
↘	BLANC
—	3045

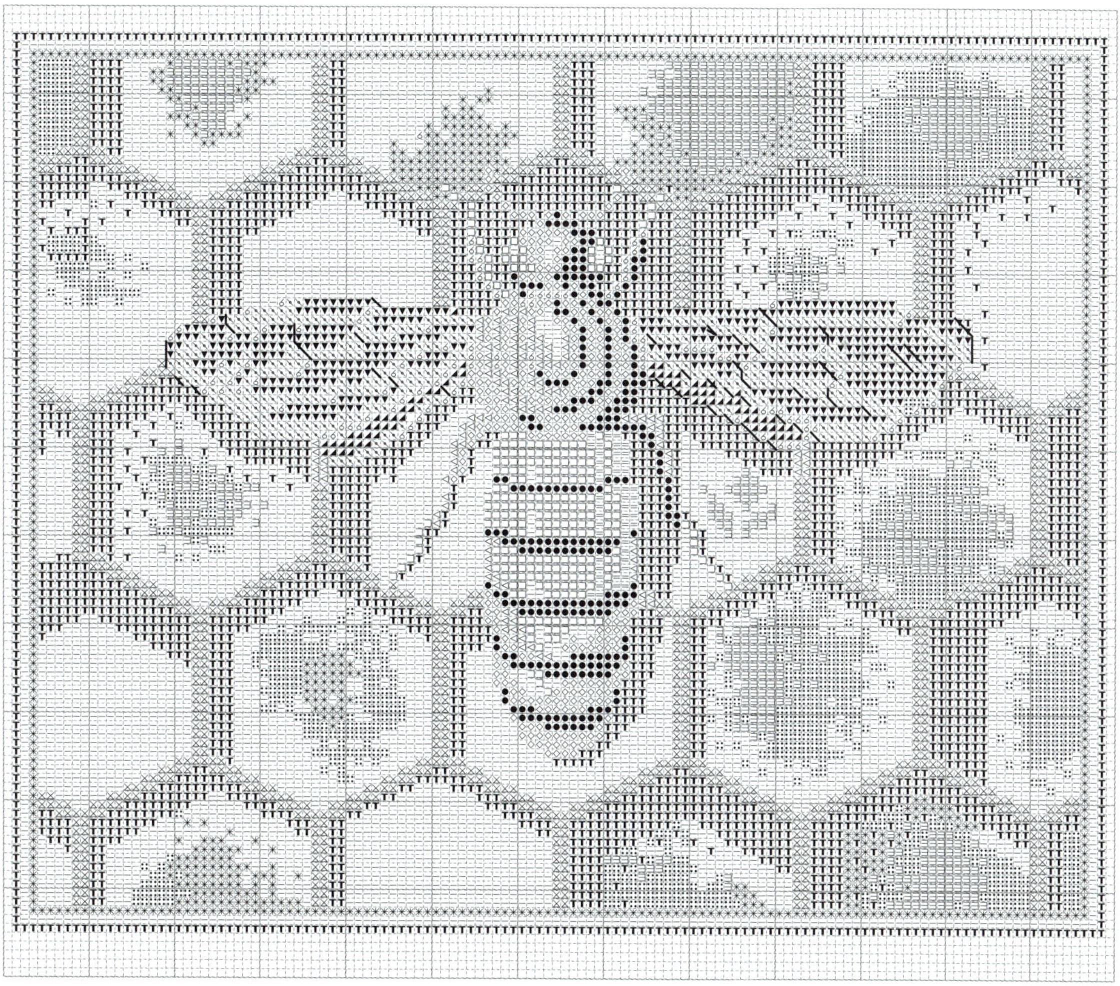

Cahier d'explications

(suite de la page 44)

Appliquer au point de Boulogne une double rangée de retors, en le fixant avec 3 brins de Mouliné.
Plier un rentré de 1 cm puis de 2 cm sur un bord de 60 cm des dessous. Piquer. Croiser les 2 morceaux endroit contre envers pour former un rectangle de 60 x 49 cm. Épingler. Poser dessus et dessous endroit contre endroit. Piquer le tour à 1 cm des bords. Retourner. Repasser.

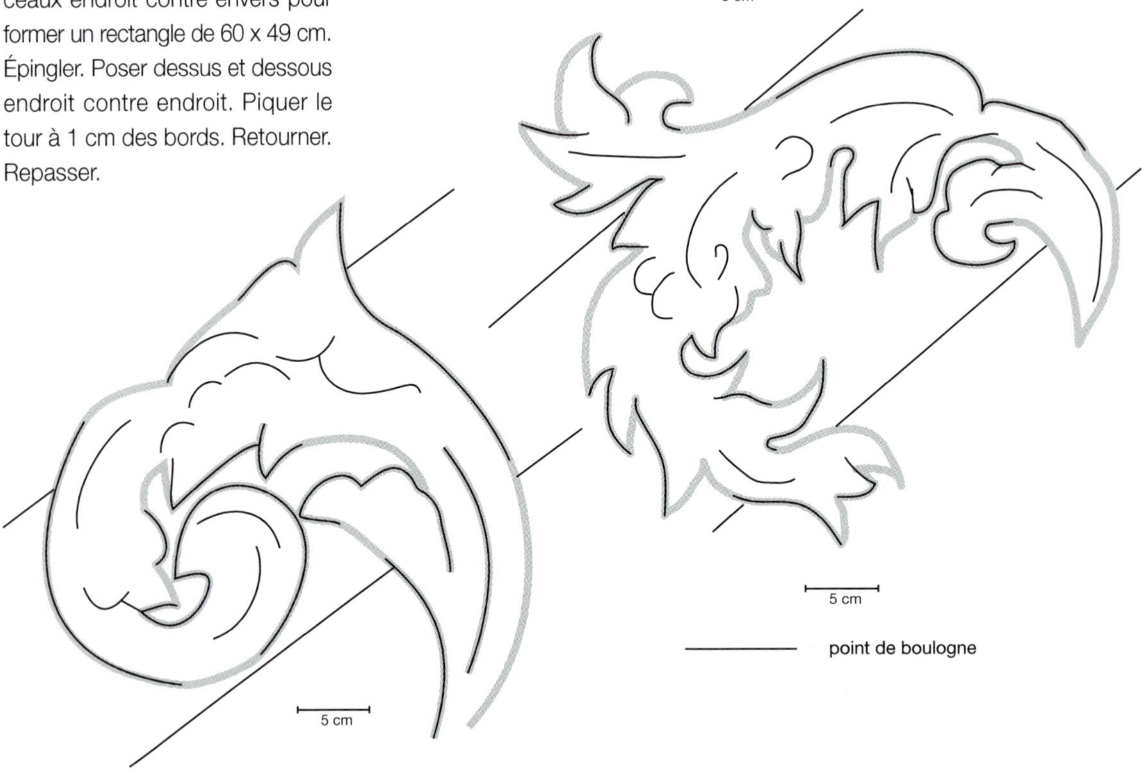

(suite de la page 54)

motifs agrandis puis à l'aide du carbone les reporter en place sur 3. Poser ensuite le calque sur chacun des tissus choisis pour les applications, glisser le carbone en dessous puis, avec un crayon à pointe dure, redessiner les contours de chaque partie. Découper à quelques mm des traits. Épingler les tissus en place en commençant par ceux du fond puis les coudre à petits points en pliant l'excédent vers le dessous au fur et à mesure. Seules les parties visibles sont appliquées pour éviter les surépaisseurs. Dessiner les lignes à broder avec un crayon à pointe très fine, ou en reprenant le calque. Broder au point de tige avec 2 brins du Mouliné, broder les pupilles au point lancé avec 3 brins. Broder la souris au point de tige. Réserver le centre 3.

Confectionner les blocs des angles en assemblant les carrés 6, quatre par quatre. Les piquer à chaque extrémité des 2 bandes 1.

Piquer une bande 2 à droite et à gauche de 3 puis les bandes précédentes en haut et en bas. Piquer une bande 5 à droite et à gauche, une bande 4 en haut et en bas.

Épingler le dessus sur le molleton. Bâtir les 2 épaisseurs ensemble, du centre vers l'extérieur puis matelasser le tour des chats, les angles en suivant les diagonales, les bordures 1 et 2 en suivant les lignes du tissu. Retailler le molleton en suivant les bords intérieurs de 4 et 5. Repasser l'excédent de 4 et 5 vers l'envers pour ne garder apparent que 1 cm de bordure.

Poser le dessus sur le rectangle du dessous. Dessiner les contours. Retailler le dessous à 2 cm du dessus. Repasser vers l'envers un rentré de 1,5 cm. Poser dessus et dessous envers contre envers, le dessous dépasse de 0,5 cm. Assembler à points avant à ras du dessus en laissant une ouverture au milieu d'un côté. Remplir de bourrage. Fermer l'ouverture.

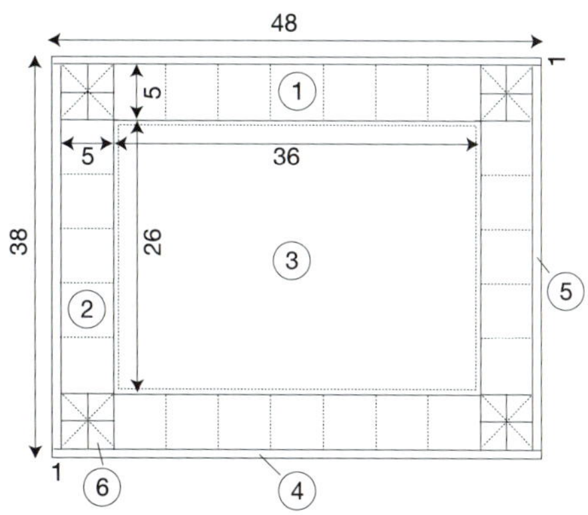

(suite de la page 56)

Bâtir la partie plate sur l'ourlet en laissant dépasser l'arrondi. Piquer-plier ce bord du coussin de 15 cm endroit contre endroit = rabat. Plier le restant de la bande de tissu en deux endroit contre endroit. Piquer les côtés. Retourner. Retourner le rabat sur le dessus.

Agrandir le renne à la photocopieuse pour qu'il mesure 7,5 cm de A à B. Découper. Utiliser comme gabarit pour dessiner des rennes sur la feutrine au stylo bille. Découper. Coller en ribambelle sur le dessus de la housse en étalant la colle au pinceau brosse. Coudre les grelots au bord du rabat.

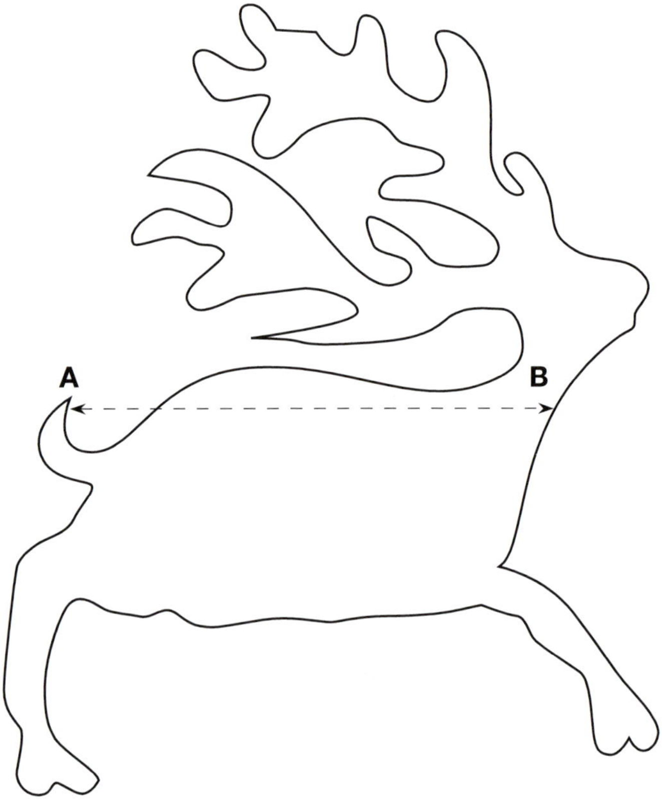

COUSSIN BEIGE

Couper une bande de 51,5 x 96,5 cm. Confectionner la housse comme ci-dessus, sans passepoil. Agrandir les rennes à 10,5 cm. Recouvrir les 3 boutons de feutrine rouge. Les coudre sous le rabat et broder 3 boutonnières en vis à vis.

COUSSIN MARRON

Comme le coussin blanc, sans passepoil. Agrandir le renne à 21,5 cm et le coller sur la face sans rabat. Coudre les grelots sur les bois et dans les angles.

(suite de la page 60)

fleuri. Ouvrir la couture au fer. On obtient un carré de 62 cm de côté. Appliquer les libellules : poser l'organza sur les motifs agrandis. Les reproduire au crayon par transparence. Découper très largement. Épingler en place. Broder au point de tige, point avant ou passé plat. Découper à ras. Broder les antennes. Varier les coloris des tissus, des cotons à broder ainsi que leur épaisseur en utilisant plus ou moins de brins du Mouliné et plus ou moins d'épaisseurs d'organza. Poser les 2 carrés endroit contre endroit. Piquer le tour à 1 cm des bords en laissant une ouverture au milieu d'un côté. Retourner. Repasser. Remplir de ouate. Fermer l'ouverture à la main.

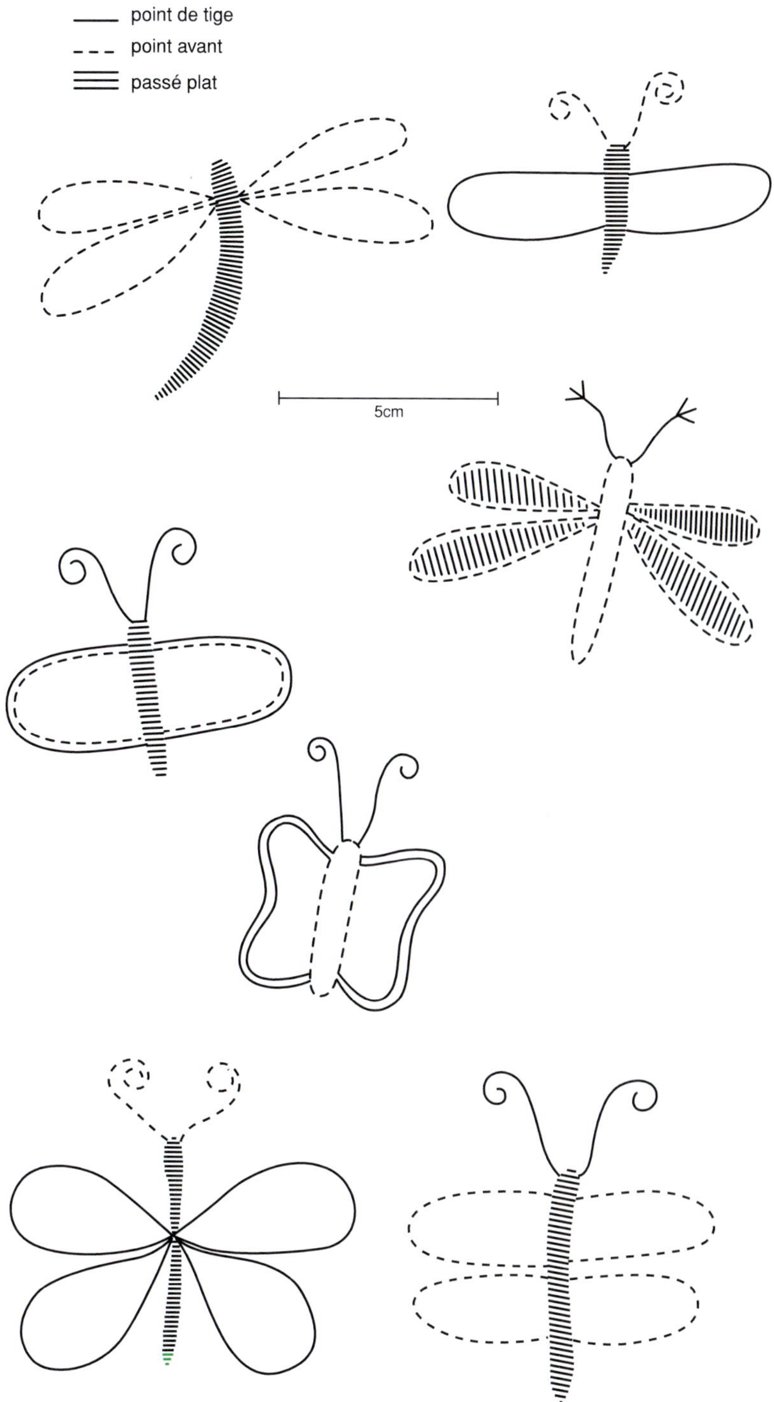

Cahier d'explications

(suite de la page 62)

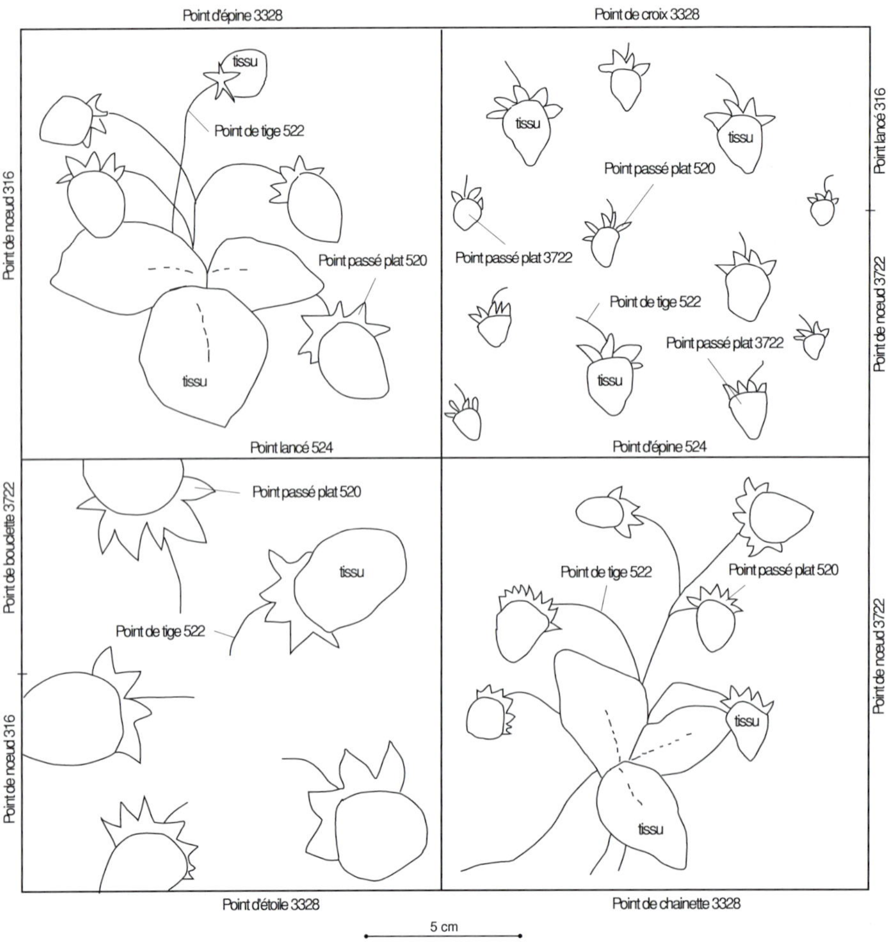

(suite de la page 70)

Poser les 2 morceaux de tissu endroit contre endroit. Piquer le tour en laissant une ouverture au milieu d'un côté. Retourner. Repasser. Remplir de bourrage. Fermer l'ouverture à la main.

COUSSIN CŒUR

FOURNITURES

Toile blanche • Broderie anglaise en bandes • 1 monogramme • Cordonnet blanc • Fil blanc • Colle à tissu • Bourrage synthétique.

RÉALISATION

Découper largement le tour du monogramme en médaillon. Le poser sur la toile. Dessiner un cœur tout autour. Découper. Couper un deuxième cœur semblable.
Froncer la broderie anglaise et l'épingler sur le tour du médaillon. Coudre à points avant.
Enduire le bord du médaillon, sur l'envers, de colle à tissu puis l'appliquer au centre d'un des cœurs. Coller le cordonnet, sur l'endroit, autour du médaillon pour cacher le montage de la broderie anglaise. Coudre un morceau de broderie froncée à droite et à gauche du médaillon en cachant la couture de montage sous le bord de la broderie qui entoure le médaillon. Les bords de cette dentelle suivent les arrondis du cœur en élargissant le motif.
Poser les 2 cœurs endroit contre endroit. Piquer le tour en laissant une ouverture. Cranter les rentrés de couture dans les creux et les arrondis.
Retourner. Remplir de bourrage. Fermer l'ouverture à la main.

(suite de la page 72)

Poser les 4 bordures restantes autour du carré du dessus de la même façon puis piquer le bord de la dentelle sur la couture d'assemblage milieu/bandes. Poser dessus et dessous endroit contre endroit. Piquer le tour. Retourner. Repasser. Glisser le coussin à l'intérieur.

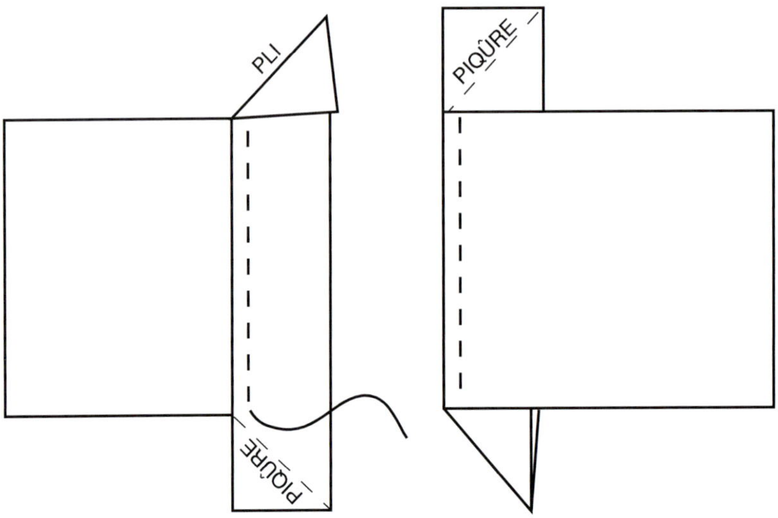

(suite de la page 84)

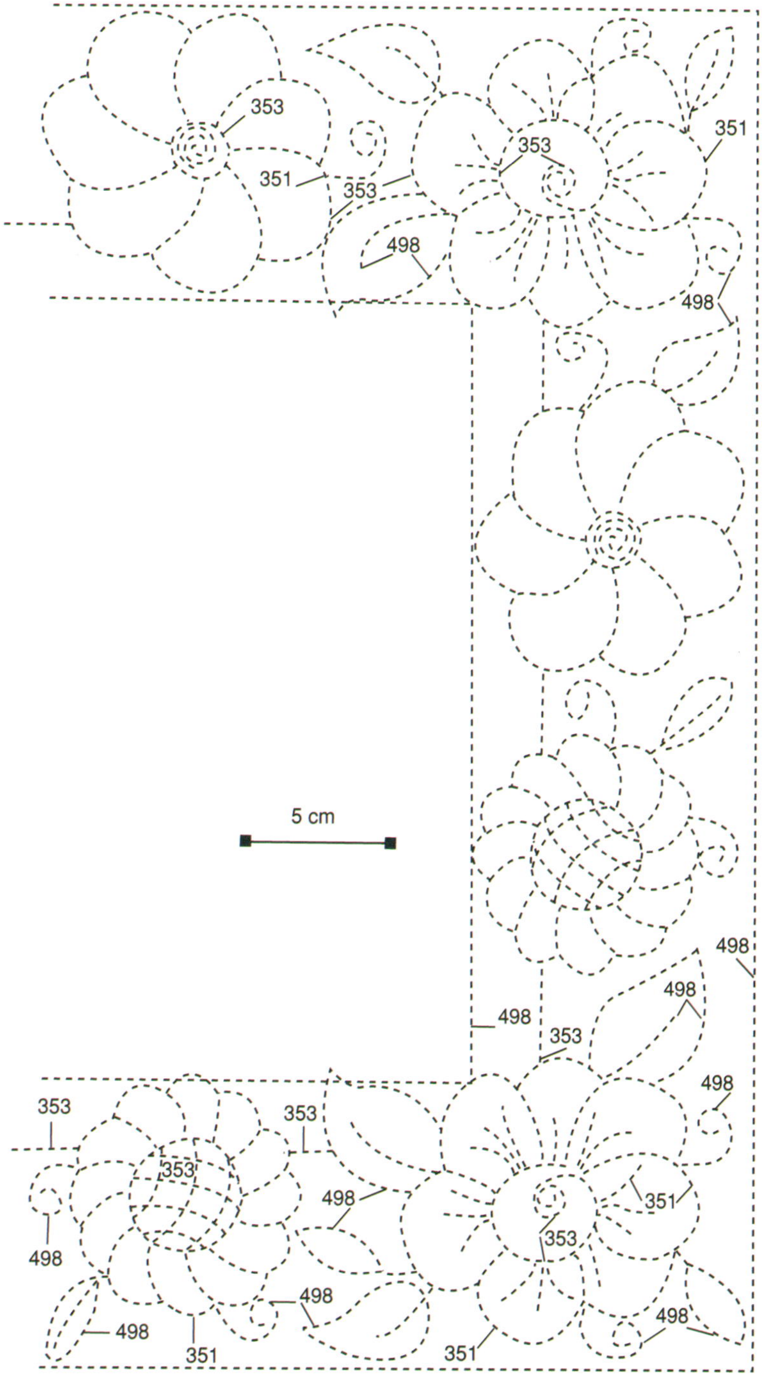

suite page suivante ➜

Cahier d'explications

(suite de la page 92)

à ras de la broderie en laissant une ouverture au milieu d'un côté. Recouper l'excédent de tissu à 2 cm des bords. Retourner. Glisser un peu de bourrage dans la housse pour former un coussin plat. Fermer l'ouverture à la main.

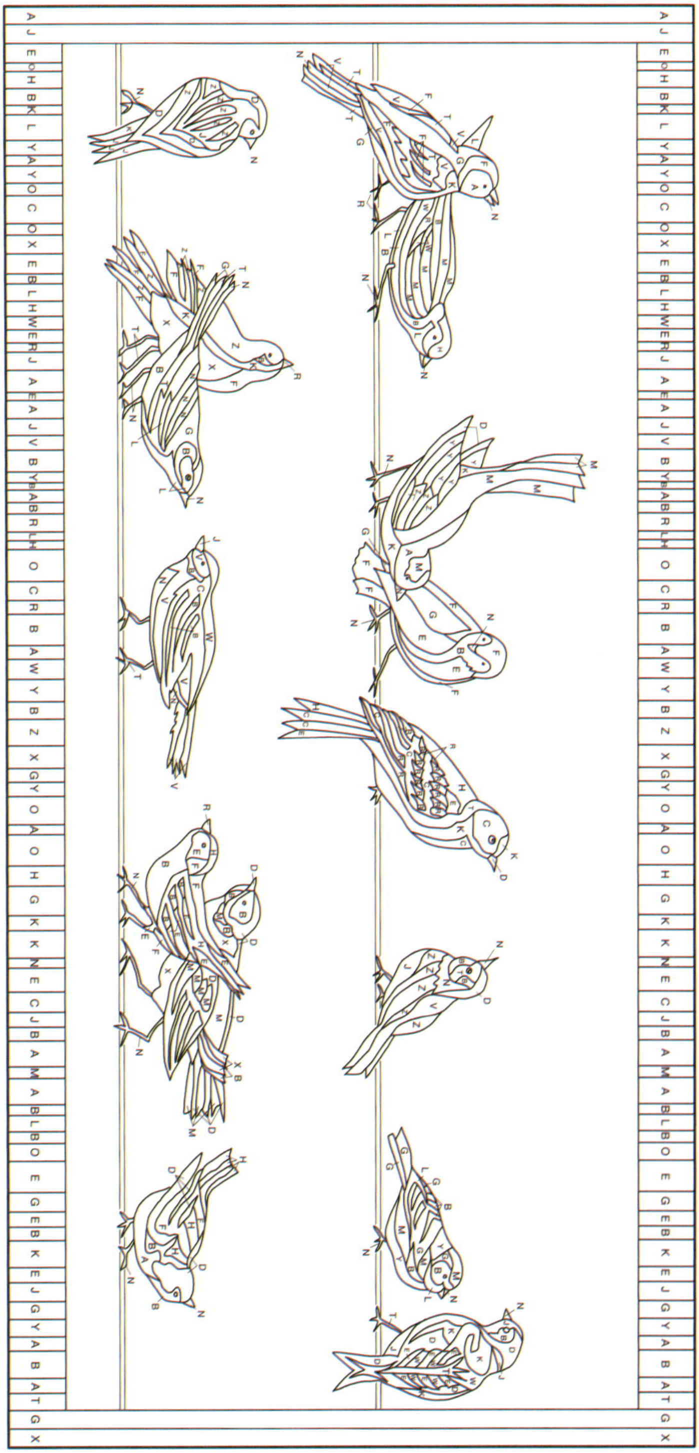

A = 309
B = 712
C = 792
E = 996
D = 413
F = 517
G = 317
H = 311
J = 307
K = 725
L = 310
M = 988
N = 729
O = 742
R = 435
T = 420
V = 610
W = 801
X = 472
Y = 907
Z = 470
YEUX = 413
FIL ÉLECTRIQUE = 317

(suite de la page 96)

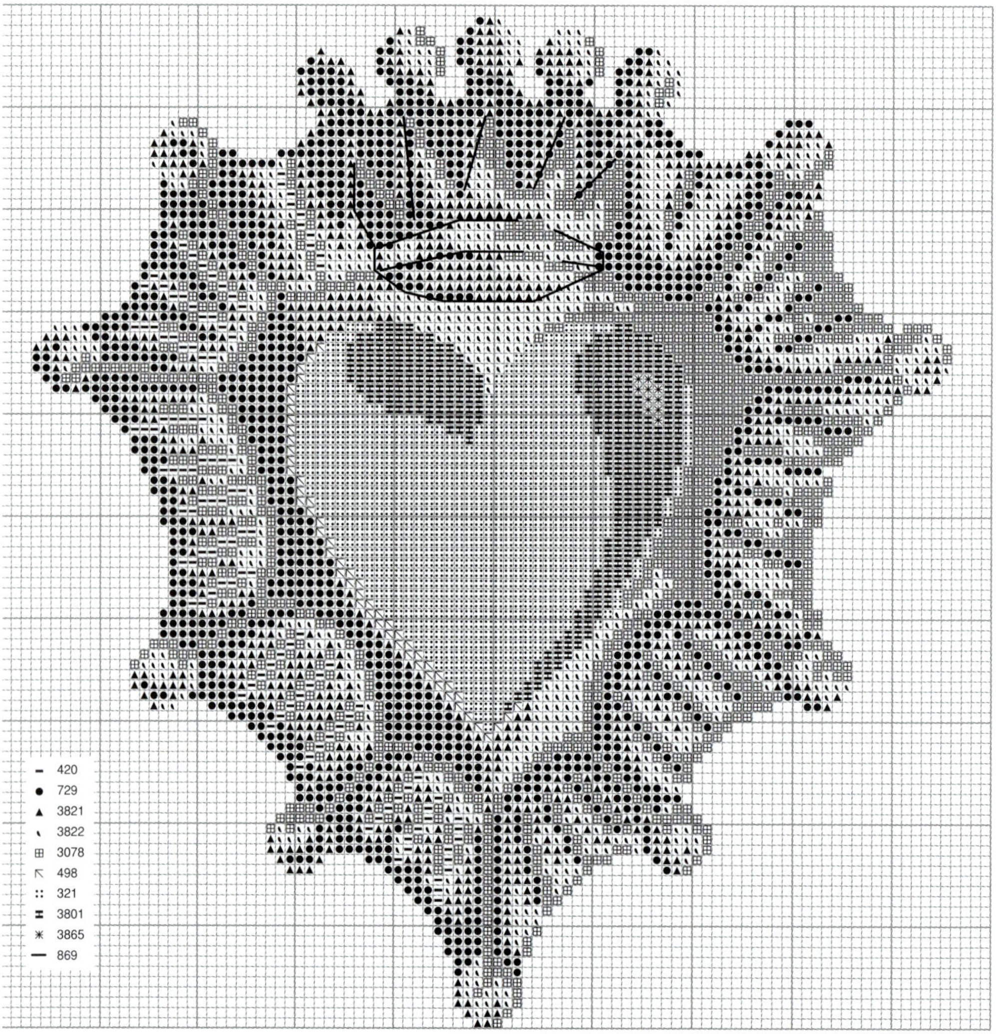

(suite de la page 100)

COUSSIN AUX GLANDS DE PASSEMENTERIE

Dimensions : 40 x 40 cm

FOURNITURES

50 cm de lin de 1 m de large • 1,60 m de pompons de passementerie • 1 bobine de fil • 1 fermeture à glissière de 25 cm • 1 coussin carré de 40 cm de côté.

RÉALISATION

Couper un carré de 42 cm de côté et 2 rectangles de 42 x 23 cm.
Couper la passementerie en quatre morceaux ayant chacun le même nombre de pompons.
Épingler les 2 rectangles endroit contre endroit. Piquer à 1 cm des bords sur 8,5 cm de chaque côté d'une longueur. Repasser la couture ouverte en prolongeant le repassage le long de l'ouverture. Poser la glissière dans l'ouverture. Ouvrir la glissière.
Épingler la passementerie, sur l'endroit, autour du dessus, en couchant les pompons vers le centre. Poser dessus et dessous endroit contre endroit. Piquer à 1 cm des bords en prenant la bande qui relie les pompons dans la couture. Retourner. Glisser le coussin à l'intérieur.

COUSSIN ROUGE

Dimensions : 66 x 42 cm

FOURNITURES

90 cm de satin broché en 1,50 m de large • Fil à coudre assorti • 2 boutons de 2 cm de diamètre • 2 glands avec cordelière • 1 coussin de 66 x 42 cm.

RÉALISATION

Couper un rectangle de 68 x 44 cm (dessus) et un rectangle de 80 x 44 cm (dessous).
Plier au fer un rabat de 12 cm à une extrémité du dessous pour le réduire à 68 cm. Piquer un ourlet de 1 cm au bord de ce rabat. Broder une boutonnière de 23 mm à 8 cm d'une extrémité du rabat puis une seconde à 16 cm de la première.
Plier le rabat endroit contre endroit. Poser le dessous sur le dessus, endroit contre endroit. Piquer sur trois côtés à 1 cm des bords. Retourner.
Coudre les boutons en vis-à-vis des boutonnières sur le dessus.
Fermer la housse en la boutonnant après avoir passé la cordelière des glands derrière les boutons.

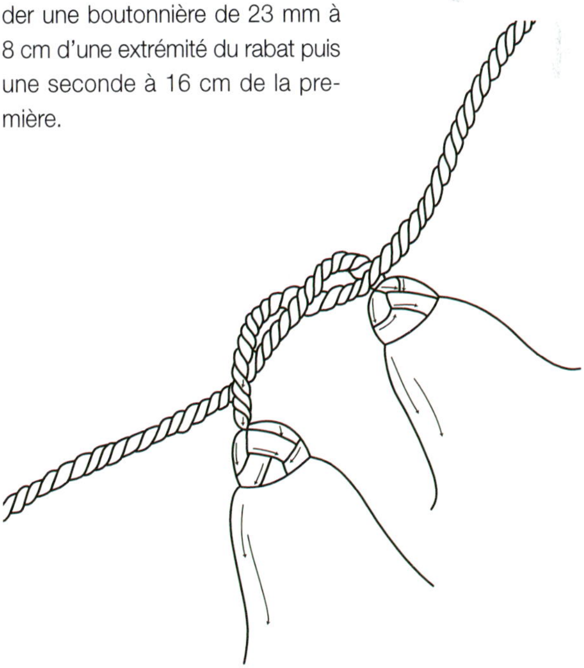

Index

COUTURE

MÉLI-MÉLO

PEINTURE

APPLIQUÉ

RÉCUP'

BRODERIE

Crédits

PHOTOGRAPHIES

Juliette d'Assay (p. 45, 51, 57, 99), Sylvie Becquet (p. 7, 9, 19, 21, 71, 73, 81, 89, 101), Gilles de Chabaneix (p. 13, 23, 29, 31, 35, 41, 47, 49, 65, 77, 87, 93, 95), Christophe Dugied (p. 15, 17, 37, 39, 43, 53, 55, 59, 67, 69, 79,83, 91, 97), Louis Gaillard (p. 25, 61, 63, 75), Pierre Hussenot (p. 27, 85), Sylvie Lancrenon (p. 33), Marc Schwartz (p. 11).

CONCEPTION

Ève-Marie Briolat (p. 43, 55, 59, 67, 97, 99), Catherine de Chabaneix (p. 13, 23, 29, 31, 35, 41, 47, 49, 65, 77, 87, 93, 95), Pascale Chastres (p. 75), Pascale Chombart de Lauwe (p. 11, 21, 27, 57, 71, 89), Marie-Paule Faure (p. 7, 9, 19, 53, 69, 73, 81, 101), Marion Faver (p. 45, 51), Caroline Lancrenon (p. 33, 85) Vania Leroy (p. 63), Véronique Méry (p. 25), Camille Soulayrol (p. 15, 37, 39, 61, 91), Maïté Thiébaut-Morelle (p. 15, 83), Dominique Turbé (p. 17, 79).

CREATION

Nathalie Auze-Méry (p. 57), Charlotte Bailly (p. 91), Monique Bonin (p. 33), Blandine Boyer (p. 77), Ève-Marie Briolat (p. 43, 97, 99), Sabine Cano (p. 21, 63), Catherine de Chabaneix (p. 41), Pascale Chombart de Lauwe (p. 11), Catherine Coget (p. 89), Corinne Crasbercu (p. 7, 59), Caroline Diaz (p. 37), Virginie Desmoulins (p. 61, 67), Céline Dupuy (p. 39), Marie-Paule Faure (p. 9, 19, 73, 81, 101), Françoise Hamon (p. 47, 53, 65), Inger Kristensen (p. 17), La Droguerie (p. 23, 27, 29), Hélène Lachambre (p. 69, 75), Léonor Mataillet (p. 77), Marie-Hélène Mazure (p. 13), Véronique Méry (p. 25, 31, 49, 87), Yves Méry (p. 49), Jacqueline Morel (p. 55), Anne Muchir (p. 35, 93, 95), Isabelle Sardnal (p. 45), Maïté Thiébault-Morelle (p. 83), Dominique Turbé (p. 15) Marie Andrée Watebled (p. 71, 79), Laurence Wichegrod (p. 51, 85).